JN080112

図解と会話でまるわかり！

電子帳簿保存法がすべてわかる本

税理士 脇田弥輝 著

ソーテック社

登場人物紹介

ミキティ先生こと脇田さん・税理士

アナログ心も持っているが、デジタル化の波にも
乗りたい。難しい言葉が苦手なので、聞き慣れた
言葉で伝えることをモットーとしている。

アカネさん・小さな会社の新人さん

お仕事は定時上がりを目指したい経理女子。
電子化に不安があるが、なんとかしなきゃと焦って
いる。

フジイくん・個人事業主

起業して4期目。売上も取引も順調に伸びている。
業務の効率化を考えるのが好きで、無駄が嫌い。
電子化もどんどん進めたい！

ご利用前に必ずお読みください

本書に掲載した情報に基づいた結果に関しましては、著者および
株式会社ソーテック社はいかなる場合においても、責任は負わな
いものとします。

本書は、執筆時点（2024年2月現在）の情報をもとに作成して
います。掲載情報につきましては、ご利用時には変更されている
場合もありますので、あらかじめご了承ください。以上の注意事
項をご承諾いただいたうえで、本書をご利用願います。

※本文中で紹介している会社名は各社の商標登録または商標です。
　なお、本書では、©、®、TMマークは割愛しています。

はじめに

　「2024年1月1日から電子帳簿保存法が大きく変わった！」ということをCM等で耳にして焦っていませんか？「でも、何も対応してないまま…」という方も、まだまだいらっしゃると思います。

　電子帳簿保存法は確かに大きな改正がありました。ただし、システム会社が過度に不安を煽っているのではないかと思う部分もあります。

　帳簿や書類の保存の仕方について、何もかも電子化しなければいけないわけではありません。

　本書では、「これだけは最低やらないといけない」ことと、「やりたい人はやってもいい」ことの両方について説明しています。

　まずは「やらなければいけないこと」からスタートして、次に「やりやすいこと」に着手して、もっとできそうだと思ったら「ガンガン電子化を進めてみる」とよいでしょう。自分に当てはまる章から読んで、取り組んでみてください。

　本書が、電子帳簿保存法について、どのような準備や対応をすればいいのかの指針になれば幸いです。

脇田 弥輝

CONTENTS

第4章 **電子取引データ保存**

第5章 **電帳法と附帯税**

第6章 **電帳法とインボイス制度**

CONTENTS

第1章

電子帳簿保存法
とは?

2024年1月に電子帳簿保存法は大きな改正がありました。ここでは、電子帳簿保存法の概要を解説し、どんな書類をどのように保存すればよいのかを解説します。

電子帳簿保存法の概要

2024年1月から「デンチョーホー」の改正があったと聞きました。私、まだ何も始めてないんですけど、もう手遅れですか……？

「デンチョーホー」……電帳法、つまり電子帳簿保存法のことね。2024年1月から義務化された部分はあるけど、今からでも対応すれば大丈夫！

あぁよかった。「なにかやらなくちゃいけないんだよな～」とうっすら理解してるんですが、何をどこから手を付けたらいいのかわからなくて……

電帳法には、「やりたければやってもいいよ」というのと、「やらなくちゃダメだよ」というものがあるの。全然焦ることはないけど、この本でしっかり確認して対応しようネ！

‖ 電子データによる保存は3つに区分される

　電子帳簿保存法（以下、**電帳法**）とは、各税法で原則紙で保存することが義務付けられている帳簿や書類について、一定の要件を満たしたうえで、電子データで保存してもよいという法律です。これまで大量の紙を何年も保存しなければならなかったのが、電帳法に基づく各種の制度を利用する

ことで、経理のデジタル化が可能となります。

　また、PDF を添付してメールで請求書を送る、ネット上のサイトで備品を購入して領収書を保存するなど、メールやインターネットを介して電子データをやり取りした場合の、そのデータに関する保存義務や保存方法などについても、電帳法によって定められています。

　電帳法上、電子データによる保存は、**❶電子帳簿等保存**、**❷スキャナ保存**、**❸電子取引**の大きく３つに区分されています。

● **電子帳簿保存法上の区分（イメージ）**

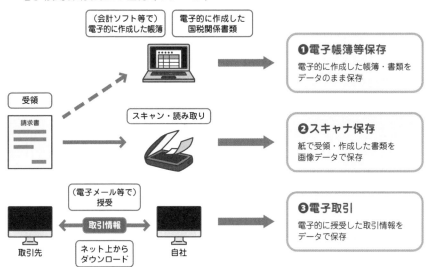

※国税庁リーフレット「電子帳簿保存法が改正されました」１頁をもとに作成。
https://www.nta.go.jp/law/joho-zeikaishaku/sonota/jirei/pdf/0021005-038.pdf

帳簿や書類によって、3種類の保存方法があるんですね

この3つの区分がゴチャゴチャになると、わけがわからなくなるから、しっかりと確認していこうね

❶電子帳簿等保存は、国税関係帳簿（仕訳帳、総勘定元帳、その他の補助元帳）および国税関係書類の決算関係書類と、自分が発行する取引関係書類（見積書控、発注書控、請求書控など）……、つまり「自分で最初からパソコンなどで作成したもの」について、一定の要件のもと、電子データで保存してもいいですよ、という制度です。電子で作成したのだから、そのまま電子データのまま保存すればラクですよね。

● 電子帳簿等保存

（会計ソフト等で）電子的に作成した帳簿　電子的に作成した国税関係書類

電子的に作成した帳簿や書類を簡単な要件を満たせば、電子データのまま保存してもOK。

　2つ目の❷スキャナ保存は、国税関係書類（決算関係書類を除く）のうち、紙で受領したり発行したりしたものについて、一定の要件を満たすスキャナ装置でスキャンして保存すれば、紙は捨ててもいいよ、という制度です。レシートや請求書など、大量の紙を保存したくない人にとっては、嬉しい制度ですね。

● スキャナ保存

スキャン・読み取り

紙で受領したり発行した書類を一定の要件を満たせば、画像データで保存してもOK。

　3つ目の❸電子取引は、電子データで受領したり発行したりしたものについて、紙に印刷して保存するのではなく、一定の要件を満たして、電子取引の取引情報に係る電子データを保存しなさいよ、という制度です。
　せっかく電子でやりとりしたデータなんだから、紙にわざわざ印刷して保存するんじゃなくて電子で保存してね、ということです。

● 電子取引

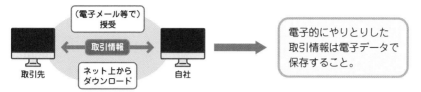

電子的にやりとりした
取引情報は電子データで
保存すること。

これを一覧にすると、次のようになります。

● 電子帳簿保存法上の区分

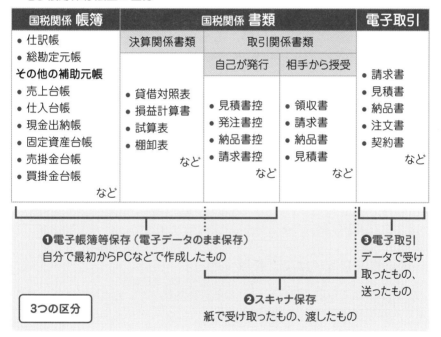

国税関係 帳簿	国税関係 書類			電子取引
● 仕訳帳 ● 総勘定元帳 **その他の補助元帳** ● 売上台帳 ● 仕入台帳 ● 現金出納帳 ● 固定資産台帳 ● 売掛金台帳 ● 買掛金台帳 　　　　　　など	決算関係書類	取引関係書類		● 請求書 ● 見積書 ● 納品書 ● 注文書 ● 契約書 　　　　　　など
	● 貸借対照表 ● 損益計算書 ● 試算表 ● 棚卸表 　　　　など	自己が発行	相手から授受	
		● 見積書控 ● 発注書控 ● 納品書控 ● 請求書控 　　　　など	● 領収書 ● 請求書 ● 納品書 ● 見積書 　　　　など	

❶電子帳簿等保存（電子データのまま保存）
自分で最初からPCなどで作成したもの

❸電子取引
データで受け
取ったもの、
送ったもの

❷スキャナ保存
紙で受け取ったもの、渡したもの

3つの区分

自分が保存しようとしている帳簿や書類が、
どの区分に当てはまるのか、わからなくなり
そうなときは、この表に戻ってね！

電帳法における各制度では、単に紙での保存に代えて電子データで保存すればよいというわけでなく、適正公平な課税の確保のため、一定の要件に従って保存を行う必要があります。

ここで着目して欲しいのは、**❶電子帳簿等保存**と**❷スキャナ保存**は任意適用で、**❸電子データ保存**は強制適用（義務）という点です。
❶と❷は、「原則は紙で保存、ただし一定の要件のもと、電子で保存してもいいよ」という制度なのに対し、❸は、「電子で保存すること（紙での保存は認められない）」制度です。ただし、後述する通り（79 ページ参照）、❸については令和 4 年 1 月 1 日から令和 5 年 12 月 31 日までの宥恕措置を経て、さらに令和 5 年度税制改正において、令和 6 年 1 月 1 日以後、新たな猶予措置が設けられています。電子データで保存する義務はありますが、それほど難しいことではありません。これから対応してきましょう。

‖ 電帳法の改正で何が変わったの？

電帳法は、平成 10 年 7 月に施行されてからこれまで、何度も改正を繰り返してきました。特に、令和 3 年度税制改正において抜本的な見直しがされて、電子帳簿等保存、スキャナ保存については、電子での保存が格段に楽になりました。一方で、電子取引については電子データでの保存が義務化され、紙での保存のみは認められなくなりました。

■ 電子帳簿等保存はこう変わった

自分でパソコンなどで作成した帳簿や決算書、取引関係書類はこれまでは紙で保存しなければならず、電子データで保存するためにはたくさんの面倒な要件を満たさなければいけませんでした。それが、令和 3 年度税制改正において、保存要件がかなりシンプルになり、電子データでの保存がぐっと簡単になりました。

■ スキャナ保存はこう変わった

自分が紙で発行した見積書控、発注書控、請求書控などや、相手から紙で受け取った領収書、請求書、見積書などについて、これまでは紙のまま

保存しなければならず、スキャナ保存するためにはたくさんの面倒な要件を満たさなければいけませんでした。そのためスキャナ保存をする事業者はとても少なく、なかなか普及しませんでした。

　それが、令和3年度税制改正において、スキャナ保存の要件がだいぶハードルが下がり、スキャナ保存をするのが楽になりました。

■ 電子取引はこう変わった

　電子メールに添付されたPDFの請求書や見積書を受け取ったり、自分が相手にメール添付でPDFの請求書や見積書を送った場合や、インターネット等による取引でデータで受け取ったり送ったものについて、これまでは紙に印刷して保存することも認められていました。これまでも電子取引に係るデータは、原則は電子データ保存、例外として紙でも保存していいよ、というものでしたが、例外が認められなくなったわけです。

　元の電子データと、保存した電子データが同一のものであるという確証が必要なため、一定の要件を満たす必要があります。ただし、令和6年1月1日以降恒久的に猶予措置が設けられたため、要件のハードルは高くはありません。

電子帳簿等保存やスキャナ保存のハードルが下がったのなら、電子データで保存してみようかな……

いきなり全部の帳簿や書類を電子で保存しなくてもいいから、できるところから始めてみるのもいいわよ

電子取引の電子データは、令和6年1月からは紙に印刷しての保存だけではダメになったんですね。対応します！

どうやって保存すればいいの？

帳簿や書類の保存方法の可否について、どの法律に
どう決まっているか一覧にすると、下の表のようになるよ

● 帳簿・書類の保存方法の可否

		紙保存	電子データ・COM保存 （一貫して電子作成）		スキャナ保存 （紙 ➡ スキャナ）	
帳簿		○	原則 所法148・ 法法126等	◎	特例 電帳法4 最低限の要件：システム の概要書等の備え付け など	×	—
書類	受領	○	原則 所法148・ 法法126等	—		◎	特例（要件充足） 電帳法4 前段 真実性・可視性の要件：タイム スタンプ等
						△	特例（要件不充足・紙原本の保 存なし） 電帳法4 後段
	発行（控）	○	原則 所法148・ 法法126等	◎	特例 電帳法4 最低限の要件：システム の概要書等の備え付け など	◎	特例（要件充足） 電帳法4 前段 真実性・可視性の要件：タイム スタンプ等
						△	特例（要件不充足・紙原本の保 存なし） 電帳法4 後段

○：所得税法、法人税法等で保存が義務付けられているもの
◎：電子帳簿保存法での保存が可能なもの
△：電子帳簿保存法で保存が義務付けられているもの
×：保存が認められていないもの
※国税庁電子帳簿保存法一問一答【電子計算機を使用して作成する帳簿書類関係】問1をもとに作成。
https://www.nta.go.jp/law/joho-zeikaishaku/sonota/jirei/07/01.htm#a001

この表には、「電子取引」については
載っていないですね…

そうなの。国税関係帳簿・書類についての一覧ね。
例えば一番左の「紙保存」の列を見ると、各税法にお
いて原則として紙で保存することがわかるよね

はい。そして、中央の列で一貫して電子作成している
帳簿は、特例として電子データやCOM（電子計算機出力
マイクロフィルム）に保存できるってことがわかります

一番左の列の真実性・可視性の要件…、
タイムスタンプってなんですか？？

それは、第2章で説明していくから安心して！

　前ページの表からもわかるように、紙で作成している帳簿・書類は、所
得税法・法人税法において原則、紙で保存することになっています。これ
に対して、電帳法の各制度を適用すれば、電子データで保存することがで
きるわけです。

　帳簿（一貫して電子作成したもの）については、要件を満たせば電子デ
ータによる保存が可能です。

　また、書類（一貫して電子作成して自らが発行したもの）についても、
要件を満たせば電子データによる保存が可能です。それ以外の紙で受け取
ったり発行した書類は、特例として要件を満たせばスキャナ保存が可能に
なります。

　帳簿のスキャナ保存は認められていません。帳簿（一貫して電子作成し
たもの）を電子データで保存することはできますが、一度紙に出力したも
のをスキャンして保存することはできないのです。

また、この表にはありませんが、電子取引の取引情報（電子データで受領・発行したもの）については電子保存が義務付けられます。

ただし、宥恕（ゆうじょ）措置、猶予（ゆうよ）措置があります（79 ページ参照）。

うーん……。
わかるようなわからないような……（泣）

これを帳簿・書類の作成方法の面から区分すると、
次のようになるよ

● 帳簿書類等の保存方法

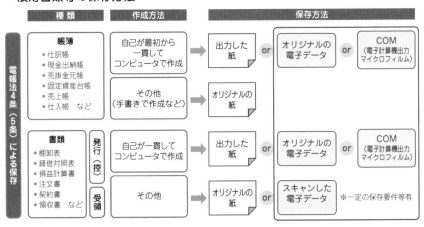

※取引情報の授受を電磁的方法により行う取引のこと。

※国税庁電子帳簿保存法一問一答【電子計算機を使用して作成する帳簿書類関係】問1をもとに作成。
https://www.nta.go.jp/law/joho-zeikaishaku/sonota/jirei/07/01.htm#a001

帳簿については、自分が最初から一貫してパソコン等で作成したものは紙での保存でも、一定の要件を満たせば電子データでの保存でもかまいません。一方、手書きなどで作成した帳簿は紙での保存しか認められません。

書類も、自分が一貫してパソコン等で作成して発行したものは、紙での保存でも、一定の要件を満たせば電子データでの保存でもよいですが、その他の発行した書類や相手から受領した書類は、紙で保存するか、一定の要件を満たしてスキャナ保存をすることになります。

電子取引の取引情報については、一定の要件を満たして、その電子データを保存することになります。

だいぶわかってきました！

第1章　まとめ

☑ **電子帳簿等保存**
　帳簿・書類（決算関係書類、自分が発行する取引関係書類）は、原則紙保存、特例として電子保存（任意）

☑ **スキャナ保存**
　書類（自分が発行する取引関係書類、相手から受領する取引関係書類）は、原則は紙で保存、特例としてスキャナ保存（任意）

☑ **電子取引**
　電子取引のデータは、電子データで保存（義務）。
　ただし、猶予措置あり

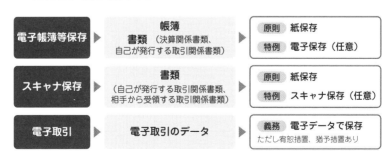

電帳法の対象ではない
帳簿や書類ってあるの？

　電帳法は、ズバリ**「保存方法」を定めたもの**です。それ以外のこと（どんな帳簿や書類を保存しなくてはいけないのか、記載事項は何かなど）は各税法（所得税法、法人税法、消費税法など）で定めてあり、税法の規定にはそれぞれ違いがあります。

　また、本書では読みやすくするため「帳簿」「書類」と書いていますが、電帳法でいう「帳簿」「書類」とは、正確には**「国税関係帳簿」「国税関係書類」**のことです。つまり、「国税関係帳簿」「国税関係書類」以外の帳簿や書類は、電帳法の対象ではありません。

　それでは、「国税関係帳簿」「国税関係書類」とはなんでしょう？　それは、本書の「電子帳簿保存法上の区分」の図（11ページ他）で紹介した以下の帳簿や書類になります。

- 国税関係帳簿…仕訳帳、総勘定元帳、その他の補助元帳
- 国税関係書類（決算関係書類）…貸借対照表、損益計算書、試算表など
- 国税関係書類（取引関係書類）…領収書、請求書など

　経理で作成する多くの帳簿や書類が該当しますが、帳簿書類のすべてではありません。例えば、従業員名簿、賃金台帳、出勤簿などは、税法ではなく「労働基準法」で定められたもので、国税関係の帳簿や書類ではないので、電帳法の対象とはなりません。

第2章

電子帳簿等保存

自分が最初から一貫してパソコン等で作成した帳簿や書類については、要件を満たせば電子データのまま保存できます。わざわざプリントアウトする必要がありません。ここでは、「優良な電子帳簿」と「一般の電子帳簿・書類」のそれぞれの保存要件を解説します。

電子帳簿等保存ってなに？

電帳法には3つの区分があるんだったわよね。
この章では、「電子帳簿等保存」について確認していくわね！

● 電子帳簿保存法上の区分

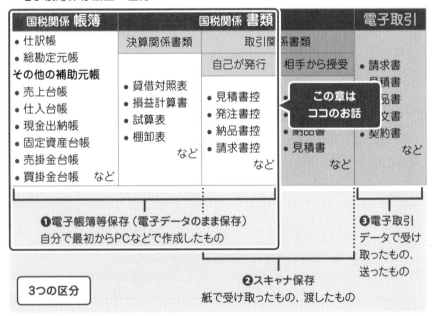

国税関係 帳簿	国税関係 書類		電子取引
・仕訳帳 ・総勘定元帳 **その他の補助元帳** ・売上台帳 ・仕入台帳 ・現金出納帳 ・固定資産台帳 ・売掛金台帳 ・買掛金台帳　など	決算関係書類	取引関係書類	・請求書 ・見積書 ・納品書 ・注文書 ・契約書 ・見積書 など

決算関係書類
・貸借対照表
・損益計算書
・試算表
・棚卸表
など

取引関係書類
自己が発行
・見積書控
・発注書控
・納品書控
・請求書控
など

相手から授受
この章は
ココのお話
・納品書
・見積書
など

❶電子帳簿等保存（電子データのまま保存）
自分で最初からPCなどで作成したもの

❸電子取引
データで受け取ったもの、送ったもの

❷スキャナ保存
紙で受け取ったもの、渡したもの

3つの区分

電子帳簿等保存は、「電子で保存してもいいよ」っていうものですよね

そう。これまで通り紙で保存してもいいし、電子でもOK。自分で最初からPCなどで作成したものが対象よ

‖ 電子帳簿等保存とは？

　電子帳簿保存法（電帳法）と電子帳簿等保存。字面はものすごく似ていますが、内容は違います。電帳法には3つの区分があって、電子帳簿等保存は、そのうちの1つです。

　「電子帳簿等保存」とは、その名の通り「電子帳簿などの保存」のことで、国税関係の帳簿や書類を電子で保存してもいいよ（要件あり）という制度です。

● 電子帳簿等保存

> 1．帳簿の全部または一部について、自分が最初の記録段階から一貫してパソコン等で作成したものは、一定の要件に従って電子データの備え付けおよび保存をしていれば、その電子データのまま保存することができます。
>
> 2．書類の全部または一部について、自分が一貫してパソコン等で作成したものは、一定の要件に従って電子データを保存していれば、電子データのまま保存することができます。

> せっかく電子で作成したんだから、
> そのまま電子データで保存すればラクよね

‖ 電子保存してもいい帳簿ってどんなもの？

自分が最初から一貫してパソコン等で作成する帳簿です。

● 対象となる帳簿

- 仕訳帳
- 総勘定元帳
- 売上台帳
- 仕入台帳
- 現金出納帳
- 固定資産台帳　など

　電子帳簿等保存をする場合、全部の帳簿を電子保存する必要はなく、一部の帳簿だけ電子保存することもできます。

例1：　仕訳帳と総勘定元帳は電子データで保存して、そのほかの帳簿は紙で保存する。

例2：　本店で作成する帳簿は電子データで保存して、支店で作成する帳簿は紙で保存する。

　帳簿は、課税期間の初日から一貫してパソコン等で作成したものに限られます。また、作成の途中で一部を手書きで記録する場合は、この制度は適用できないので、紙で保存する必要があります。

　後述する「優良な電子帳簿」（25 ページ参照）については、過少申告加算税の軽減措置などの税制のメリットが受けられます。

総勘定元帳はすごく枚数が多いから、紙で保存しなくていいのは助かりますね！

‖ 電子保存してもいい書類ってどんなもの？

電子保存をしてよいものとは、自分がパソコン等で作成する決算関係書類や、自分がパソコン等で作成して取引相手に発行する書類の控えを指します。

● 対象となる帳簿

＊ 決算関係書類
- 貸借対照表
- 損益計算書
- 試算表
- 棚卸表　など

＊ 自分が取引先に発行する書類の控え
- 見積書控
- 発注書控
- 納品書控
- 請求書控　など

すべての書類を電子保存する必要はなく、一部の書類だけを電子データで保存することもできます。

> 例1： 貸借対照表と損益計算書は電子データで保存して、棚卸表などは紙で保存する。
>
> 例2： 本店で作成する書類の控えは電子データで保存して、支店で作成する書類の控えは紙で保存する。

書類は、帳簿と違って、課税期間の途中からでも電子データで保存することができます。ただし、作成の途中で一部を手書きで記録したりする場合は、この制度は適用できないので、紙で保存する必要があります。

第**2**章

電子帳簿等保存

電子帳簿等保存を行うための ルールは？

帳簿や書類を電子保存するためには、何から始めたらいいですか？

たくさんの要件がある「優良な電子帳簿」と、最低限の要件でいい「一般の電子帳簿・書類」があるの

最低限のほうがラクかな…。
それぞれ要件を教えてください！

‖ 電子帳簿等保存のための事前承認は不要

　以前は、電子帳簿等保存をするためには、事前に税務署へ承認申請書を提出する必要がありましたが、令和4年1月1日以後の帳簿・書類については、事前承認は不要となりました。

　そのため、電子保存を始めたいと思ったタイミングで、すぐに電子保存を開始することができます（※帳簿については課税期間の初日から始めること）。

「優良な電子帳簿」と「一般の電子帳簿・書類」は どう違うの？

電子帳簿等保存を行うための要件は、「優良な電子帳簿」と「一般の電子帳簿・保存」で大きく違います。

「優良な電子帳簿」の要件を満たすと、過少申告加算税が5％軽減されるなどのメリットがありますが、その分、要件がたくさんあります。一方、「一般の電子帳簿・書類」は税制上のメリットはありませんが、保存要件は少なく、ハードルはかなり低いといえるでしょう。

優良な電子帳簿	ハードルが高い	税制上のメリットあり
一般の電子帳簿・書類	ハードルが低い	税制上のメリットなし

■ 優良な電子帳簿

帳簿について、「優良な電子帳簿」の要件を満たして電子保存を行った場合、その優良な電子帳簿に関する申告漏れにかかる過少申告加算税が5％軽減されることになりました（申告漏れについて隠蔽し、または仮装された事実がある場合には適用はありません）。この措置を受けるためには、あらかじめ法定申告期限までに、税務署にこの措置を受けるための届出書を提出しておく必要があります。

● 国税庁「国税関係帳簿の電磁的記録等による保存等に係る過少申告加算税の特例の適用を受ける旨の届出書」

国税関係帳簿の電磁的記録等による保存等に係る過少申告加算税の特例の適用を受ける旨の届出書 （優良）

	※整理番号	

税務署受付印

令和　年　月　日	（フリガナ）
	住所又は居所
	（法人の場合） 納税地又は本店所在地
	（電話番号　　－　　－　　　）
	（フリガナ）
	名　称　（屋号）
税　務　署　長　殿	法　人　番　号
（所轄外税務署長）	（フリガナ）
	氏　　　　　名
税　務　署　長　殿	（法人の場合） 代　表　者　氏　名
（規則第5条第4項において準用する規則第2条第10項の規定を適用して提出する理由）	（フリガナ）
	（法人の場合） 代　表　者　住　所
	（電話番号　　－　　－　　　）

法第8条第4項の規定の適用を受けたいので、規則第5条第1項の規定により届け出ます。

1　特例の適用を受けようとする特例国税関係帳簿の種類並びに備付け及び保存に代える日
（次に表示されている帳簿のほか、作成している場合にはその他の補助帳簿について記載する。）

帳　簿　の　種　類		備付け及び保存に	帳　簿　の　種　類		備付け及び保存に
根拠税法	名　称　等	代える日	根拠税法	名　称　等	代える日
□　所得税法 □　法人税法 □　消費税法	総勘定元帳	年　月　日	□　所得税法 □　法人税法 □　消費税法		年　月　日
□　所得税法 □　法人税法	仕訳帳	年　月　日	□　所得税法 □　法人税法		年　月　日
□　所得税法 □　法人税法		年　月　日	□　所得税法 □　法人税法		年　月　日
□　所得税法 □　法人税法		年　月　日	□　所得税法 □　法人税法		年　月　日

2　その他参考となるべき事項

（1）特例の適用を受けようとする国税関係帳簿の作成・保存に使用するプログラム（ソフトウェア）の概要

□市販のソフトウェアのうちＪＩＩＭＡの認証を受けているもの

（メーカー名：　　　　　　　　商品名：　　　　　　　　　　　）

□市販のソフトウェア（メーカー名：　　　　　　商品名：　　　　　　　　　　）

□自己開発（委託開発の場合は、委託先：　　　　　　　　　　　　　　　　　）

（2）その他参考となる事項

税　理　士　署　名	

※ 税務署 処理欄	通信日付印	確認	入力年月日	入力担当者	番号確認	（摘要）
	年　月　日		年　月　日			

（1／1）

https://www.nta.go.jp/law/joho-zeikaishaku/sonota/jirei/pdf/0021011-060_01.pdf

26

■ 一般の電子帳簿・書類

　自分で最初から一貫してパソコン等で作成し、説明書やモニター等を備え付け、税務調査の際にダウンロードできるようにしておく等の最低限の要件を満たせば、紙出力することなく、作成した電子データのまま保存することができます。事前に税務署等に提出するものはありません。

「一般の電子帳簿・書類」
「優良な電子帳簿」に該当するのは？

まずは次のフローチャートで全部「はい」の場合、一般の電子帳簿・書類として、電子のまま保存してOKよ

● 一般の電子帳簿・書類の要件

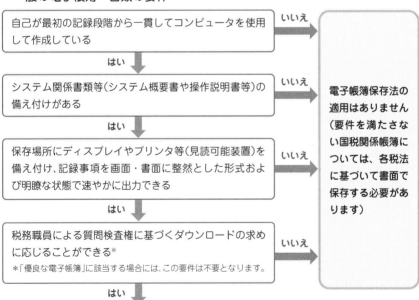

自己が最初の記録段階から一貫してコンピュータを使用して作成している　→ いいえ

↓ はい

システム関係書類等（システム概要書や操作説明書等）の備え付けがある　→ いいえ

↓ はい

保存場所にディスプレイやプリンタ等（見読可能装置）を備え付け、記録事項を画面・書面に整然とした形式および明瞭な状態で速やかに出力できる　→ いいえ

↓ はい

税務職員による質問検査権に基づくダウンロードの求めに応じることができる＊
＊「優良な電子帳簿」に該当する場合には、この要件は不要となります。　→ いいえ

電子帳簿保存法の適用はありません（要件を満たさない国税関係帳簿については、各税法に基づいて書面で保存する必要があります）

↓ はい

「優良以外の電子帳簿」に該当するので、プリントアウトしないで、作成した電子データのまま保存することができます

※国税庁「優良な電子帳簿の要件」をもとに作成。
https://www.nta.go.jp/law/joho-zeikaishaku/sonota/jirei/05.htm

さらに次の要件を満たすと、「優良な電子帳簿」に
該当することになるよ

● 優良な電子帳簿の要件

「優良以外の電子帳簿」に該当するので、プリントアウトしないで、<u>作成した電子データ</u>
<u>のまま保存することができます</u>

↓ はい

国税関係帳簿のうち、特例国税関係帳簿（92ページ参照）
がイ〜ハすべての要件を満たしている電子帳簿として作
成・保存している

イ　訂正削除履歴の保存等
ロ　帳簿間の相互関連性
ハ　検索機能の確保＊
　① 取引年月日、取引金額、取引先により検索できる
　② 日付または金額の範囲指定により検索できる
　③ 2つ以上の任意の記録項目を組み合わせた条件によ
　　り検索できる
＊ダウンロードの求めに応じることができるようにしている場合は、
　条件②・③の機能は不要となります。

→ いいえ → 過少申告加算税が
軽減される制度の
適用を受けること
はできません

↓ はい

「優良な電子帳簿」に該当して、あらかじめ届出書を提出することで、後からその電子帳
簿に関連する過少申告が判明しても<u>過少申告加算税が 5％軽減される制度の適用を受け</u>
<u>ることができます</u>

※国税庁「優良な電子帳簿の要件」をもとに作成。
https://www.nta.go.jp/law/joho-zeikaishaku/sonota/jirei/05.htm

‖ 電子帳簿等保存を行うためのルールは？

これに書類も追加して表にまとめると、次ページのようになります。

● パソコン等で作成した帳簿・書類をデータで保存するためのルール

要件概要	帳簿 優良	帳簿 一般	書類
記録事項の訂正・削除を行った場合には、これらの事実および内容を確認できるシステムを使用すること	○	―	―
通常の業務処理期間を経過した後に入力を行った場合には、その事実を確認できるシステムを使用すること	○	―	―
電子化した帳簿の記録事項とその帳簿に関連する他の帳簿の記録事項との間において、相互にその関連性を確認できること	○	―	―
システム関係書類等（システム概要書、システム仕様書、操作説明書、事務処理マニュアル等）を備え付けること	○	○	○
保存場所にパソコン、プログラム、ディスプレイ、プリンタおよびこれらの操作マニュアルを備え付け、記録事項を画面・書面に整然とした形式および明瞭な状態で速やかに出力できるようにしておくこと	○	○	○
検索条件 ① 取引年月日、取引金額、取引先により検索できること	○	―	―※3
検索条件 ② 日付または金額の範囲指定により検索できること	○※1	―	―※3
検索条件 ③ 2つ以上の任意の記録項目を組み合わせた条件により検索できること	○※1	―	―※3
税務職員による質問検査権に基づく電子データのダウンロードの求めに応じることができるようにしておくこと	―※1	○※2	○※3

※1 「検索条件」の①〜③について、ダウンロードの求めに応じることができるようにしている場合には、②③の要件が不要になります。

※2 「優良」欄の要件を全て満たしているときは不要です。

※3 取引年月日その他の日付により検索ができる機能およびその範囲を指定して条件を設定することができる機能を確保している場合には、ダウンロードの求めに応じることができるようにしておくことの要件が不要になります。

※国税庁「電子帳簿保存法 はじめませんか、帳簿・書類のデータ保存（電子帳簿等保存）【令和6年1月以降用】」パンフレット2頁をもとに作成。
https://www.nta.go.jp/publication/pamph/sonota/0023006-081_01.pdf

「優良な電子帳簿」は
要件がたくさんあるんですね〜！

一般の電子帳簿・書類の保存のルールは？

まずは「一般の電子帳簿・書類」の保存の要件を知りたいです

最低限の要件で電子保存ができるから、取り入れやすいと思うわ

‖ 一般の電子帳簿・書類の保存要件

前ページの表より、一般の電子帳簿・書類の保存要件は、

> ❶ システム関係書類等の備え付け
> ❷ ディスプレイ等の備え付け
> ❸ 税務職員の質問検査権に基づく電子データのダウンロードの求めに応じられる

の3つとなります。

❶ システム関係書類等の備え付け

システム関係書類等（システム概要書、システム仕様書、操作説明書、事務処理マニュアル等）を備え付けている必要があります。

ただし、このうち、システム概要書とシステム仕様書は、自社開発のプログラムを使用する場合に必要となり、自社開発以外のプログラムであれば備え付けは不要です。

　一般的には、市販のシステムを使っていることが多いと思いますので、その場合には不要です。

　また、操作説明書は、その国税関係帳簿書類に係る電子計算機処理を他の者に委託している場合には不要です。

　事務処理マニュアル等とは、具体的には入出力処理の手順や、電子データの保存等の手順、担当部署などを明らかにした書類で、国税庁のホームページよりダウンロードできます。

● 事務処理マニュアルの例

国税関係帳簿に係る電子計算機処理に関する事務手続を明らかにした書類（概要）

（入力担当者）
1　仕訳データ入出力は、所定の手続を経て承認された証票書類に基づき、入力担当者が行う。

（仕訳データの入出力処理の手順）
2　入力担当者は、次の期日までに仕訳データの入力を行う。
　⑴　現金、預金、手形に関するもの　　　　取引日の翌日（営業日）
　⑵　売掛金に関するもの　　　　　　　　　請求書の発行日の翌日（営業日）
　⑶　仕入、外注費に関するもの　　　　　　検収日の翌日（営業日）
　⑷　その他の勘定科目に関するもの　　　　取引に関する書類を確認してから1週間以内

（仕訳データの入力内容の確認）
3　入力担当者は、仕訳データを入力した日に入力内容の確認を行い、入力誤りがある場合は、これを速やかに訂正する。

（管理責任者の確認）
4　入力担当者は、業務終了時に入力データに関するデータをサーバに転送する。管理責任者はこのデータの確認を速やかに行う。

（管理責任者の確認後の訂正又は削除の処理）
5　管理責任者の確認後、仕訳データに誤り等を発見した場合には、入力担当者は、管理責任者の承認を得た上でその訂正又は削除の処理を行う。

（訂正又は削除記録の保存）
6　5の場合は、管理責任者は訂正又は削除の処理を承認した旨の記録を残す。

---

https://view.officeapps.live.com/op/view.aspx?src=https%3A%2F%2Fwww.
nta.go.jp%2Flaw%2Fjoho-zeikaishaku%2Fsonota%2Fjirei%2Fword%
2F0022006-083_11.docx&wdOrigin=BROWSELINK

また、電子計算機処理を他の者に委託している場合には、これらの書類に変えて委託契約書等を備え付けておく必要があります。

なお、これらの書類は、電子データを保存する場所で、速やかに出力できるものであれば、紙で保存する必要はありません。

❷ ディスプレイ等の備え付け

保存場所にパソコン、プログラム、ディスプレイ、プリンタ等、そしてこれらの操作マニュアルを備え付け、画面・書面に整然とした形式および明瞭な状態で速やかに出力できるようにしておく必要があります。

「保存はしているけど、すぐに確認できない、見せられない」ではダメということです。

❸ 税務職員の質問検査権に基づく電子データの ダウンロードの求めに応じられる

税務調査の際、電子保存した帳簿・書類をダウンロードするように言われたときに、ダウンロードできるようにしておく必要があります。

「電子保存してるしすぐに確認できる、でも見せない」では、保存していないとみなされてしまう、ということね

電子保存してすぐに確認できて、必要な時にダウンロードできるようにしておけばOKということですね…。簡単かも！

優良な電子帳簿の保存のルールは？

「優良な電子帳簿」はハードル高そう…

そうね。過少申告加算税が軽減されるというメリットを受けられるので、要件は多いけど、確認してみましょう

‖ 優良な電子帳簿の保存要件

29ページの表より、優良な電子帳簿については、「一般の電子帳簿・書類」の保存要件に加えて、以下の要件が必要になります。

> ❶ 電子データの訂正または削除、追加の履歴が確認できるシステムを使用すること
> ❷ 電子化した帳簿間の記録事項において、相互にその関連性を確認できること
> ❸ 検索機能の確保

❶電子データの訂正または削除、追加の履歴が確認できるシステムを使用すること

「優良な電子帳簿」においては、帳簿に係るシステムに訂正・削除を行った場合に、その事実および内容を確認することができる必要があります。

また、「訂正・削除」には直接変更することだけではなく、反対仕訳を追加することも含まれます。

自社のシステムが、訂正・削除の履歴が残るものかどうか確認してみましょう。「優良な電子帳簿」の保存をするためには、訂正・削除の履歴が残るシステムを導入します。

なお、システムに入力してすぐに誤りを訂正・削除した場合にまで、その履歴の確保をするというのは、あまり現実的ではないので、1週間以内の訂正・削除については履歴を残さなくてもよいことになっています。

❷ 電子化した帳簿間の記録事項において、相互にその関連性を確認できること

帳簿と帳簿の間における記録事項の相互関連性を確認するため、帳簿に係る電子データの記録事項と、その帳簿に関連する別の帳簿の記録事項との間で、相互にその関連性を確認できるようにしておく必要があります。

● 例1：明細データで記録する場合

総勘定元帳

売　上					
日付	一連No.	摘要	借方	摘要	貸方
2/22	010001	—	—	売掛金	20,000
2/22	010002	—	—	売掛金	25,000
2/22	010012	—	—	売掛金	20,000

一連番号を付すことで
相互関連性を確保

仕訳帳

日付	一連No.	借方		貸方		摘要
		勘定科目	金額	勘定科目	金額	
2/22	010001	売掛金	20,000	売上	20,000	㈱O商店　商品A×10
2/22	010002	売掛金	25,000	売上	25,000	O商会㈱　商品B×5
2/22	010012	売掛金	20,000	売上	20,000	㈱M加工　商品E×20

No.010001とNo.010012は取引金額が同じなので、一連番号等の情報がないと、総勘定元帳と仕訳帳の記録事項が同一取引のものであるってことが明確にできないよね

● 例2：集計した結果（合計額）を転記する場合

総勘定元帳

売　上					
日付	一連No.	摘要	借方	摘要	貸方
1/31	010099	ー	ー	売掛金	400,000
2/28	020099	ー	ー	売掛金	500,000
3/31	030099	ー	ー	売掛金	200,000

一連番号を付すことで
相互関連性を確保

集計結果が
帳簿間において
連動

売上帳

日付	一連No.	摘要	勘定科目	金額
1/4	010001	㈱O商店　商品A×10	売掛金	20,000
1/5	010002	O商会㈱　商品B×5	売掛金	25,000
…（略）…				
1/30	010038	K商店㈱　商品W×20	売掛金	80,000
1/31	010039	(有)Y建設　商品Z×50	売掛金	50,000
1/31	010099	1月合計	ー	400,000

第**2**章

電子帳簿等保存

● 例3：集計した結果を記録等する場合

総勘定元帳

売　上					
日付	一連No.	摘要	借方	摘要	貸方
1/31	010099	1/1〜1/31	―	売掛金	400,000
2/28	020099	2/1〜2/28	―	売掛金	500,000
3/31	030099	3/1〜3/31	―	売掛金	200,000

集計期間を記録して
相互関連性を確保

売上帳

日付	摘要	勘定科目	金額
1/4	商品A　1/4合計	売掛金	20,000
1/4	商品B　1/4合計	売掛金	45,000
	…（略）…		
1/30	商品C　1/30合計	売掛金	80,000
1/31	商品B　1/31合計	売掛金	50,000
1/31	1月合計(一連No.010099)	―	400,000

集計結果が
帳簿間において
連動

※電子帳簿保存法一問一答【電子計算機を使用して作成する帳簿書類関係】問31をもとに作成。
https://www.nta.go.jp/law/joho-zeikaishaku/sonota/jirei/pdf/0021006-031_01.pdf

電子化した帳簿の記録と、その帳簿に関連する
別の帳簿の記録との間の、関連性を確認できる
必要があるんですね

❸検索機能の確保

優良な電子帳簿では、帳簿に係る電子データの記録事項を検索することができる機能が必要です。

- 取引年月日、取引金額および取引先により検索できること
- 日付または金額の範囲指定により検索できること
- 2つ以上の任意の記録項目を組み合わせた条件により検索できること

調査があったときや自社で必要なときに、検索してすぐに出せるようにしておく必要があります。

「優良な電子帳簿」は要件がたくさんあるけど、JIIMA（ジーマ）が認証したソフトだと安心。次のようなロゴで確認できるよ！

- JIIMA ホームページ（https://www.jiima.or.jp/）より

電子帳簿ソフト法的要件認証制度許諾認証ロゴ（左：タイプA、右：タイプB）

■ 電子帳簿ソフト法的要件認証製品一覧

また、JIIMA 認証されている電子帳簿ソフトは、以下のリンクに掲載されています。

https://www.jiima.or.jp/certification/denshichoubo_soft/list/

お悩みQ&Aコーナー

要件はだいたいわかったけど、具体的に
「これってどうなの？」という悩みがまだ多いです…

そうね。
では、お悩みをQ&A形式でまとめていくね

Q1

請求書の控えをパソコンで作成しています。作成する過程で一部だけ手書きしている部分がありますが、電子帳簿等保存を適用できますか？

A1

電子帳簿等保存は、「一貫してパソコン等を使用して作成する場合に適用」であるため、作成の途中で手書きで追記などしている場合には、この制度の適用は受けられません。原則通り、紙での保存が必要です。

パソコン等で作成　→　一部手書き　→　紙で保存

Q2

一部の帳簿、一部の書類のみを電子保存することはできますか？

A2

できます。

「全部または一部について」の帳簿・書類に適用できるので、適用の単位は、全部でなくてかまいません。一部の帳簿、一部の書類について適用することもできます。

例えば「仕訳帳と総勘定元帳は電子データで保存して、現金出納帳と売上帳は紙で保存」とか、「本店で作成している帳簿は電子データで保存して、支店で作成している帳簿は紙で保存」、「注文書の控えを電子データで保存し、領収書の控えは紙で保存」するなど、それぞれの作成・保存の実態に応じて、帳簿や書類ごとに適用することができます。

第2章

電子帳簿等保存

Q3

帳簿の作成は税理士に依頼しています。
自社で作成していないので、適用されないでしょうか？

A3

適用されます。

この制度は、帳簿を「自分が最初の記録段階から一貫してパソコン等を使用して作成する場合」、書類を「自分が一貫してパソコン等を使用して作成する場合」に適用されます。

ここでいう「自分が」とは、帳簿・書類の保存義務者が主体となって、その責任において行うことをいい、例えば、税理士や会計事務所、記帳代行業者に委託して作成している場合にもこれに含まれることになるので、電子帳簿等保存の適用があります。

帳簿は、いつから電子データで保存できますか？

帳簿は、「最初の記録段階から一貫して」作成する場合に適用されます。
つまり、備え付け記録を蓄積していく段階の最初から最後までをパソコン等を使用して作成する場合を指し、原則として課税期間の途中から電子データによる保存をすることはできません。

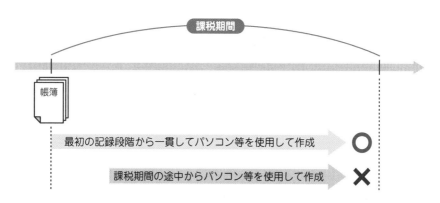

書類は、課税期間の途中から電子データで保存できますか？

書類（自己が発行する見積書控、発注書控など）については帳簿とは異な

り、記録を蓄積していく段階が存在せず、それが作成されるとすぐに保存
されるものです。
そのため、課税期間の途中からでも、それ以後の作成分から電子データで
保存することができます。

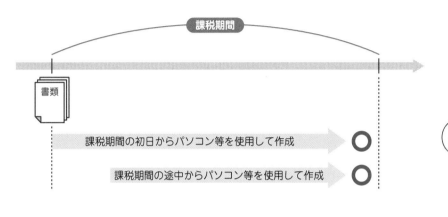

支店に帳簿・書類の作成用のパソコンがあり、本店で電子データをディス
プレイで見られる状態は、「ディスプレイ等の備え付け」の要件を満たしま
すか?

(A6)

満たします。
保存場所(本店)に帳簿の電子データが保存されていない場合であっても、
保存場所(本店)のパソコンと、帳簿・書類の作成に使用するパソコン(支
店)とがインターネットで接続されているなどにより、保存場所(本店)
で電子データをディスプレイの画面や書面に速やかに出力できるときは、
その電子データは保存場所(本店)に保存されているものとします。

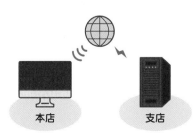

Q7

クラウドサービスを利用しています。電子データはクラウドサービス事業者のサーバに保存されていますが、本社にモニターおよびプリンタがある状態は、「ディスプレイ等の備え付け」の要件を満たしますか？

A7

満たします。

この場合もQ6と同様に、本社のモニターおよびプリンタで速やかに電子データを出力することができるのであれば、要件を満たすことになります。

Q8

「ディスプレイ等の備え付け」について、「整然とした形式および明瞭な状態」で速やかに出力できるようにしておくとは、具体的にどのような状態のことを指していますか？

A8

紙で作成される場合の帳簿・書類と同様の形式で出力され、かつ出力される文字を容易に識別できる状態のことです。通常の読める程度の文字の大きさ、濃度、間隔であれば問題ありません。

Q9

税務職員の求めに一部だけダウンロードし、その他はダウンロードしない場合には、ダウンロードの求めに応じたことになりますか？

A9

要件を満たしたことになりません。

「その要求に応じること」とは職員の求めのすべてに応じることなので、一

部でも応じない場合には、「その要求に応じること」に該当しないことになります。

一部のみ
ダウンロード

応じたことに
ならない

 Q10

一般の電子帳簿の保存を途中でやめて、
紙での保存に戻すことはできますか？

 A10

できます。
一般の電子帳簿の保存をしていた帳簿について、途中で電子保存をやめることにしたときは、その帳簿については、それまでの電子データの内容を紙に出力して保存することになります。

紙で保存

 Q11

税務職員に CSV 形式でダウンロードするように求められ、CSV 形式でも出力可能でしたが、検索性の劣る PDF 形式で提出しました。
これは、ダウンロードの求めに応じたことになりますか？

 A11

要件を満たしたことになりません。

提供形態については、その電子データにおいて通常出力が可能な範囲で、求めに応じた方法により提供する必要があります。

Q12

データ量が膨大なため、一課税期間の電子データを複数の保存媒体に保存しています。「指定範囲により検索」することが困難ですが、「優良な電子帳簿」の検索機能の確保はできていないことになるでしょうか？

A12

検索機能の確保はできていることになります。

一課税期間内を通じて任意の範囲を指定して検索を行うことが難しく、合理的な理由があると認められる場合には、一課税期間内の合理的な期間ごとに任意の範囲を指定して検索できればよいとされています。

Q13

ディスプレイやモニター、プリンタなどについて、
性能や台数の要件はありますか？

A13

ディスプレイ等の性能や設置台数等は、要件とされていません。

税務調査の際には、①事業者が日常業務に使用しているものを使うこと、②日常業務用であるから一応の性能および事業の規模に応じた設置台数等が確保されていると考えられるため、法令上では特に要件とはされていません。

ただし、調査の際に「今、仕事でモニター使ってるので見せられない」等とならないように、調整する必要があると考えられます。

データのバックアップは
どうすればいいの？

　電帳法上では、電帳法によって電子データで保存したものについて「データをバックアップしなさい」という義務はありません。

　電子帳簿保存法一問一答【電子取引関係】の［問22］「バックアップデータの保存は要件となっていますか。」の【回答】に「バックアップデータの保存は要件となっていません」とありますが、【解説】には「要件とはなっていないけど、データが消えたり劣化するおそれがあるから、バックアップデータを保存することが望ましい」という内容が書かれています。

　紙で保存していた場合でも、火事や水害によって書類がなくなってしまう可能性があります。そのようなやむを得ない事情がある場合には、可能な限り合理的な方法で申告書等を作成することになりますが、紙の帳簿・書類が消失するリスクより、電子データがなくなってしまうことのほうが断然高いでしょう。

「バックアップを取っていなかったので、電子データが全くありません」では、困ってしまいます。経費を認めてもらうのも大変ですし、場合によっては業務が停止しかねません。やはり、なんらかのバックアップを取る必要がありそうです。

　使用しているシステムの契約プランによってバックアップの方法があると思いますので、確認してみるとよいでしょう。適切な保管先に定期的にバックアップを取るようにしましょう。

電子帳簿保存法一問一答【電子取引関係】
(https://www.nta.go.jp/law/
joho-zeikaishaku/sonota/jirei/
pdf/0021006-031_03.pdf)

> 電子帳簿保存法一問一答
> 【電子取引関係】
>
> 令和4年6月
> 国　税　庁

第**2**章

電子帳簿等保存

☑ 電子帳簿等保存とは、原則紙で保存する帳簿・書類について、要件を満たせば電子保存してもよい制度です。

☑ **電子帳簿等保存の対象となる帳簿、書類**
- 自分が最初から一貫してパソコン等で作成する帳簿
- 自分がパソコン等で作成する決算関係書類
- 自分がパソコン等で作成して取引相手に発行する書類の控え

☑ **一般の電子帳簿・書類の保存要件**
❶ システム関係書類等の備え付け
❷ ディスプレイ等の備え付け
❸ 税務職員の質問検査権に基づく電子データのダウンロードの求めに応じられる

☑ **優良な電子帳簿の保存要件**
一般の電子帳簿・書類の要件に加えて、以下のものがあります。

❶ 電子データの訂正または削除、追加の履歴が確認できるシステムを使用すること
❷ 電子化した帳簿間の記録事項において、相互にその関連性を確認できること
❸ 検索機能の確保

ハードルの低い「一般の電子帳簿・書類」の保存から始めてみるのもいいよね！

第3章

スキャナ保存

紙で受け取ったり渡した書類については、要件を満たせばスキャナ保存することができます。原本は廃棄してもよいので、大量の紙を保管する必要がありません。元々の紙の情報と、スキャンされた電子データの情報が一致していることを保証するため、保存要件はハードルが高いですが、メリットも大きいです。

スキャナ保存ってなに？

電帳法には3つの区分があるんだったわよね。
この章では、「スキャナ保存」について確認していくわね

レシートとかをスキャンして保存しても
いいっていう制度ですよね

そう。紙のまま保存してもいいし、電子で保存してもOK。
紙で受け取ったり発行したものが対象よ！

● 電子帳簿保存法上の区分

国税関係 帳簿		国税関係 書類		電子取引
● 仕訳帳 ● 総勘定元帳 **その他の補助元帳** ● 売上台帳 ● 仕入台帳 ● 現金出納帳 ● 固定資産台帳 ● 売掛金台帳 ● 買掛金台帳　など	決算関係書類 この章は ココのお話 ● 棚卸表 など	取引関係書類		● 請求書 ● 見積書 ● 納品書 ● 注文書 ● 契約書 　　　　など
		自己が発行	相手から授受	
		● 見積書控 ● 発注書控 ● 納品書控 ● 請求書控 　　　　など	● 領収書 ● 請求書 ● 納品書 ● 見積書 　　　　など	

❶電子帳簿等保存
（電子データのまま保存）
自分で最初からPCなどで作成したもの

❷スキャナ保存
紙で受け取ったもの、渡したもの

❸電子取引
データで受け取ったもの、送ったもの

3つの区分

‖ スキャナ保存とは？

電帳法には3つの区分があり、スキャナ保存はそのうちの1つです。

自分が紙で発行する書類や、相手から紙で受け取る書類について、スキャンして保存してもいいよ（要件あり）という制度です。

■ 決算関係書類は対象外です

取引関係書類の全部または一部について、その書類をスキャンして電子データで保存する場合には、一定の要件のもと、紙ではなくスキャンした電子データで保存することができます。

国税関係書類のうち、貸借対照表、損益計算書、試算表、棚卸表などの決算関係書類は対象外です。決算関係書類以外の国税関係書類は、すべてスキャナ保存制度の対象となります。

要件を満たしてスキャナ保存をした紙の書類は、すぐに廃棄してかまいません。

紙の書類(決算関係以外)をスキャンして、
電子保存してもいいよ、という制度ね！

要件を満たしてスキャン　　　　原本廃棄OK！

‖ スキャナ保存してもいい書類ってどんなもの？

紙で発行して相手に渡した書類、紙で相手から受け取った書類です。

● 対象となる書類

＊ 自分が取引先に発行する書類の控え
- 見積書控
- 発注書控
- 納品書控
- 請求書控　など

＊ 取引先から受け取る書類
- 領収書
- 請求書
- 納品書
- 見積書　など

　電子帳簿等保存と違い、パソコン等で作成した書類も手書きで作成した書類も、紙で受け渡しをするものであれば対象となります。

　決算関係書類（貸借対照表、損益計算書など）は、スキャナ保存できません。電子帳簿等保存（第2章参照）か、紙で保存のどちらかとなります。

　スキャナ保存する場合、全部の書類をスキャナ保存する必要はなく、一部の書類だけスキャナ保存することもできます。

例1：見積書と請求書をスキャナ保存して、領収書などは紙で保存する。
例2：本店ではスキャナ保存して、支店では紙で保存する。

　また、スキャナ保存でよく目にする「スキャナ装置」とは、紙の書類を電子データに変換する装置のことです。3-03「お悩みQ&Aコーナー」の63ページも参考にしてください。

スキャナ保存を行うための
ルールは？

スキャナ保存って、どうやって保存すれば
いいんですか？

スキャナ保存にはたくさんのルールがあるので、
対応システムを使うのが一般的ね

スキャナ保存のルールを教えてください！

‖ スキャナ保存のための事前承認は不要

　以前は、スキャナ保存をするためには、事前に税務署へ承認申請書を提出する必要がありましたが、令和4年1月1日以後の書類については、事前承認は不要となりました。

　スキャナ保存を始めるための特別な手続きは必要ないので、スキャナ保存を始めたいと思ったタイミングで、すぐにスキャナ保存を開始することができます。事前に税務署等に提出するものはありません。

‖ スキャナ保存を行うためのルールは？

　スキャナ保存の要件は、以前に比べてぐっとハードルが下がり、令和6年1月1日以後、さらに要件が少なくなりました。

● スキャナ保存を行うためのルール

書類の区分／ルール	重要書類 (資金や物の流れに直結・連動する書類)	一般書類 (資金や物の流れに直結・連動しない書類)
書類の例	契約書、納品書、請求書、領収書　など	見積書、注文書、検収書　など
入力期間の制限	次のどちらかの入力期間内に入力すること ①書類を作成または受領してから、速やか（おおむね7営業日以内）にスキャナ保存する（早期入力方式） ②それぞれの企業において採用している業務処理サイクルの期間（最長2か月以内）を経過した後、速やか（おおむね7営業日以内）にスキャナ保存する（業務処理サイクル方式） ※②の業務処理サイクル方式は、企業において書類を作成または受領してからスキャナ保存するまでの各事務の処理規定を定めている場合のみ採用できます 「一般書類」の場合は、入力期間の制限なく入力することもできます（注）	
一定の解像度による読み取り	解像度200dpi相当以上で読み取ること	
カラー画像による読み取り	赤色、緑色及び青色の階調がそれぞれ256階調以上（24ビットカラー）で読み取ること 「一般書類」の場合は、白黒階調（グレースケール）で読み取ることもできます（注）	
タイムスタンプの付与	入力期間内に、総務大臣が認定する業務に係るタイムスタンプ※1を、一の入力単位ごとのスキャナデータに付すこと ※1　スキャナデータが変更されていないことについて、保存期間を通じて確認することができ、課税期間中の任意の期間を指定し、一括して検証することができるものに限ります。 ※2　入力期間内にスキャナ保存したことを確認できる場合には、このタイムスタンプの付与要件に代えることができます。	
ヴァージョン管理	スキャナデータについて訂正・削除の事実やその内容を確認することができるシステム等または訂正・削除を行うことができないシステム等を使用すること	
帳簿との相互関連性の確保	スキャナデータとそのデータに関連する帳簿の記録事項との間において、相互にその関連性を確認することができるようにしておくこと	（不要）
見読可能装置等の備え付け	14インチ（映像面の最大径が35cm）以上のカラーディスプレイおよびカラープリンタ並びに操作説明書を備え付けること 白黒階調（グレースケール）で読み取った一般書類は、カラー対応でないディスプレイおよびプリンタの出力で問題ありません（注）	
速やかに出力すること	スキャナデータについて、次の①～④の状態で速やかに出力することができるようにすること ①整然とした形式　②書類と同程度に明瞭　③拡大または縮小して出力ができる　④4ポイントの大きさの文字を認識できる	
システム概要書等の備え付け	スキャナ保存するシステム等のシステム概要書、システム仕様書、操作説明書、スキャナ保存する手順や担当部署などを明らかにした書類を備え付けること	
検索機能の確保	スキャナデータについて、次の要件による検索ができるようにすること ①取引年月日その他の日付、取引金額および取引先での検索 ②日付または金額に係る記録項目について範囲を指定しての検索 ③2つ以上の任意の記録項目を組み合わせての検索 ※税務職員による質問検査権に基づくスキャナデータのダウンロードの求めに応じることができるようにしている場合には、②および③の要件は不要	

（注）「一般書類」向けのルールを採用する場合は、事務の手続（責任者、入力の順序や方法など）を明らかにした書類を備え付ける必要があります。

※国税庁「電子帳簿保存法 はじめませんか、書類のスキャナ保存【令和6年1月以降用】」2頁をもとに作成。
https://www.nta.go.jp/law/joho-zeikaishaku/sonota/jirei/tokusetsu/pdf/0023006-085_03.pdf

わ！それでも要件が多そう…汗

スキャナ保存は、不正を防ぐためにも要件が多くなってしまうのよね。1つずつ内容を確認していくね

　スキャナ保存は、紙の書類を電子保存する方法です。そのため、元の紙の情報とスキャンした電子データの情報が一致している（改ざんされていない）ことを保証しなければいけません。また、元の紙の情報が複製されていないことも確証が必要です。

　例えば紙のレシートであれば、そこに1枚しか存在せず、およそ手を加えて書き直すなどということはできないでしょう（修正を加えれば、そのほとんどは見てわかります）。

　しかし、レシートをスキャンする場合、1枚のレシートを何枚も複製してスキャンしたり、スキャンしたデータの金額を編集することは可能です。

　そのようなことがないことを証明するため、様々な要件が必要となるのです。

❶書類の区分

　スキャナ保存制度の対象となる書類は、重要書類、一般書類の2つに区分されます。

区分	重要書類	一般書類
重要度	資金や物の流れに直結・連動する書類	資金や物の流れに直結・連動しない書類
書類の例	契約書、納品書、請求書、領収書など	見積書、注文書、検収書など

❷ 入力期間の制限

重要書類	一般書類
次のどちらかの期限内に入力すること ① 7営業日以内 ② 「事務処理規程」を定めて、 　 最長2ヵ月+7営業日以内	「事務手続きを明らかにした書類」を 備え付ければ制限なし

　入力期間の制限は、書類を作成したり受け取った後に、早期にスキャンすることによって、紙の改ざんリスクを減らすために設けられています。

　単にスキャンすればいいということではなく、期限内にスキャンした書類に、タイムスタンプや、訂正・削除の記録が残る（もしくは訂正・削除ができない）システムに格納する必要があります。

　なお、一般書類については、電子データの作成および保存に関する「事務手続きを明らかにした書類」を備え付けていれば、入力期限の制限はありません。

　入力期限を過ぎてしまってからスキャンした場合には、要件を満たさないため、紙保存が必要となります。

タイムスタンプの付与までの期限

最長2ヵ月 + 7営業日

スキャン　→　タイムスタンプの付与

重要書類の「② 事務処理規程」について

作業の責任者、処理基準、判断基準等を含めた事務サイクルにおけるワークフローなどの企業の方針を定めたものです。

規程のサンプルは以下のサイトからダウンロードできるので、入手したファイルを自社に合わせて修正して保存しておくとよいでしょう。

● 国税庁「スキャナによる電子化保存規程」より

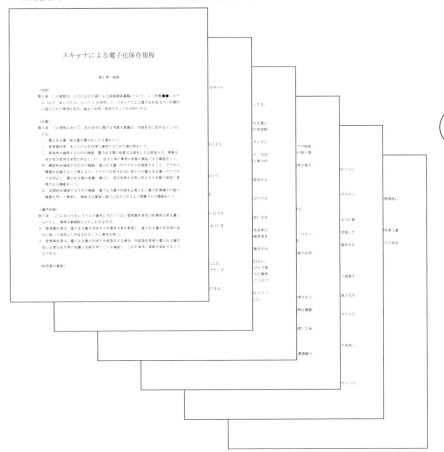

https://www.nta.go.jp/law/joho-zeikaishaku/sonota/jirei/word/0021006-031_a.docx

一般書類の「事務手続きを明らかにした書類」について

　責任者、作業の過程、順序および入力方法などの手続きを明確に表現したものです。

　書類のサンプルは以下のサイトからダウンロードできるので、入手したファイルを自社に合わせて修正して保存しておくとよいでしょう。

● 国税庁「国税関係書類に係る電子計算機処理に関する事務の手続を明らかにした書類」

国税関係書類に係る電子計算機処理に関する事務の手続を明らかにした書類

（書類の受領）
　1　営業責任者は、作成または受領した以下の書類について、経理責任者に引き継ぐ。
　⑴　取引先から請求書を受領した営業責任者は、請求書を経理責任者に引き継ぐ。
　⑵　取引先から納品書を受領した営業責任者は、納品書を経理責任者に引き継ぐ。
　⑶　見積書を作成した営業責任者は、その控えを経理責任者に引き継ぐ。
　⑷　取引先から注文書を受領した営業責任者は、出荷指示書を作成し、商品を出荷した後に、注文書及び出荷指示書を経理責任者へ引き継ぐ。

（スキャニングの準備）
　2　作業担当者は、次の期日までにスキャニングの準備を行う。
　⑴　請求書　　　　　請求書受領後、5日以内
　⑵　納品書　　　　　毎月末
　⑶　見積書（控）　　1月から6月までに発行したものは7月末
　　　　　　　　　　　7月から12月までに発行したものは翌年1月末
　⑷　注文書　　　　　1月から6月までに受領したものは7月末
　　　　　　　　　　　7月から12月までに受領したものは翌年1月末

（スキャニング処理）
　3　作業担当者は、××社製●●システムを活用し、スキャニング処理を実施する。

（管理責任者の確認）
　4　作業担当者は、正確にスキャニングされていることを確認した後に、画像（電子化文書）及びCSV（検索項目）をサーバに転送し、管理責任者にこれを引き継ぐ。管理責任者は電子化文書と原本の確認を速やかに行う。

（タイムスタンプの付与）
　5　管理責任者は、●●株式会社のタイムスタンプを付与し、本システムに登録する。

（電子化文書の保存）
　6　本システムにより電子化されたデータは、国税に関する法律の規定により保存しなければならないとされている期間まで保存する。

https://www.nta.go.jp/law/joho-zeikaishaku/sonota/jirei/word/0021006-031_b.docx

❸一定の解像度による読み取り

　スキャナ保存は、その解像度が 200dpi 相当以上である必要があります。一般的にスキャンで使われている解像度は 200 〜 400dpi なので、通常のものであれば問題ありません。

❹カラー画像による読み取り

　赤色、緑色および青色の階調がそれぞれ 256 階調以上（24 ビットカラー）である必要があります。特に仕様に表記がなければ、スマホで撮影した写真などはフルカラー 24 ビットと考えて問題ありません。

　なお、一般書類は、「事務手続きを明らかにした書類」の備え付けで、白黒保存も認められています。

❺タイムスタンプの付与

タイムスタンプ

　タイムスタンプとは、スキャナ保存したデータについて、

- 付与された時点に、そのデータが存在していたこと
- 付与後の改ざんがないこと

を証明するものです。

　タイムスタンプに記載された情報とオリジナルの電子データから得られる情報を比較することで、タイムスタンプの付与後、改ざんされていないことを確認することができます。

　事業者が勝手に付与できるものではなく、第三者機関である「時刻認証局」を通じて、時刻情報にハッシュ値を付与したタイムスタンプを発行する仕組みになっています。

● タイムスタンプの仕組み

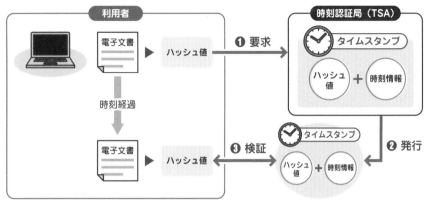

※一般社団法人日本データ通信協会「タイムスタンプのしくみ」をもとに作成。
https://www.dekyo.or.jp/tb/contents/summary/system_2.html

紙文書の場合の「通信日付印」と同じ考え方ね

タイムスタンプの代替要件

　訂正・削除の履歴が残るシステム、もしくは訂正・削除ができないシステムに保存し、入力期間内にその書類をスキャナ保存したことを確認することができる場合には、タイムスタンプの付与に代えることができます。

　つまり、タイムスタンプを付与するか、訂正・削除の履歴が残る（訂正・削除ができない）システムの利用をするかのどちらかが必要になります。

❻ヴァージョン管理

　スキャンしたデータについて訂正・削除を行った場合には、その事実および内容を確認することができるシステム、または訂正・削除を行うことができないシステムを使う必要があります。

❼ 帳簿との相互関連性の確保

　重要書類（契約書・領収書等）について、スキャナ保存した書類と、その書類に関連する帳簿との間において、相互にその関連性を確認できるようにしておく必要があります。

　例えば、相互に関連する書類および帳簿の双方に伝票番号、取引案件番号等を付し、その番号を指定することで、書類のスキャンデータと帳簿の記録事項との関連を確認できるようにします。

　なお、令和6年1月1日以後に保存される一般書類については、相互関連性の確保は不要となりました。

● 例：領収書（スキャンした書類）と現金出納帳（帳簿）との関連性を確保

現金出納帳

日付	伝票番号	勘定科目	摘要	入金額	出金額	残高
1/	No.0001	会議費	カフェO　打合せ飲食代		4,500	150,000
1/	No.0002	消耗品費	Tスーパー　雑貨		6,000	144,000
1/ 0		普通預金	引き出し	20,000		164,000

伝票番号 No.0001

CAFÉ O
●●店
TEL 0000-00-0000

■■■■	000
■■■■■	0000
■■■■■	0000
合計	￥4,500

領収書

伝票番号 No.0002

￥6,000

㊞

❽ 見読可能装置等の備え付け

　14インチ（映像面の最大径が35cm）以上のカラーディスプレイおよびカラープリンター、ならびにこれらの操作説明書を備え付けておく必要があります。

　なお、白黒で読み取ってスキャンした一般書類については、「事務手続きを明らかにした書類」の備え付けがあれば、カラー対応していないディスプレイおよびプリンターでの出力で問題ありません。

❾ 速やかに出力すること

「見読可能装置等の備え付けをしているけど、すぐに出力できない」は認められません。備え付けたうえで、そのスキャナデータを次のような状態で速やかに出力できるようにしておく必要があります。

> ❶ 整然とした形式であること
> ❷ 元の書類と同程度に明瞭であること
> ❸ 拡大または縮小して出力することができること
> ❹ 4ポイントの大きさの文字を認識することができること

❿ システム概要書等の備え付け

一般の電子帳簿・書類の「システム関係書類等の備え付け」と同様です（30 ページ参照）。

⓫ 検索機能の確保

優良な電子帳簿と同様です（37 ページ参照）。

スキャナ保存すると、読み取った画像データをテキスト化できないケースもありますが、テキスト化できない場合でも、スキャナ保存した書類に係る取引年月日、取引金額、取引先を手入力して、システム上、検索できるように設定する必要があります。

また、税務職員の質問検査権に基づくダウンロードの求めは、一般の電子帳簿・書類と同様です（32 ページ参照）。

ちゃんとスキャナ保存したら、
原本はすぐ捨ててもいいんでしょうか？

正しくスキャンされているか確認したら、
即廃棄してもOKよ。やりやすい書類から
始めてみるのもいいよね！

● スキャナ保存要件の概要図（イメージ）

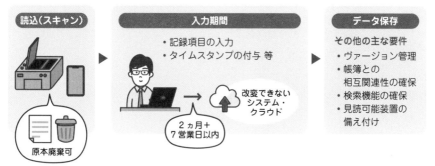

※国税庁「電子帳簿保存法が改正されました」リーフレット3頁をもとに作成。
https://www.nta.go.jp/law/joho-zeikaishaku/sonota/jirei/pdf/0021005-038.pdf

第**3**章
スキャナ保存

　スキャナ保存がしっかりできると原本である紙を即廃棄できるので、保管場所がぐっと減り、書類を検索することもラクになり、クラウド上に保存すれば会社に行かなくてもリモートでデータの確認ができるなど、メリットがたくさんあります。

　スキャナ保存には様々な要件があり、正しく要件を満たしていない場合には保存していないとみなされてしまうので、不安がある場合は、**まずは「スキャナ保存＋紙保存（保険として）」→運用がうまくいくようになったら「スキャナ保存（紙は即廃棄）」**という方法もよいでしょう。

> スキャナ保存に対応した
> システムを使うのがお勧めよ！

※ JIIMA（ジーマ）認証については、優良な電子帳簿（37ページ）を参照してください。

■ データに改ざんがあればペナルティがあるので要注意！

　スキャナ保存には様々なメリットがありますが、**データに改ざんがあればペナルティが課せられます**。

　スキャナ保存された電子データに関連して、改ざん等の不正が見つかったときは、重加算税が10％加重されます。「便利になった分、不正があれば罰は重くするよ」ということです。注意しましょう。

お悩みQ&Aコーナー

スキャナ保存についても、具体的に
「これってどうなるの？」と思うことがあります

そうね。お悩みをQ&A形式でまとめていくね

Q1

一部の書類のみをスキャナ保存することはできますか？

A1

できます。

「全部または一部について」の書類に適用できるので、一部の書類について
適用することもできます。例えば「見積書と請求書をスキャナ保存し、領
収書は紙で保存」とか、「本店ではスキャナ保存して、支店は紙で保存」す
るなど、それぞれの作成・保存の実態に応じて、それぞれの書類ごとに適
用することができます。

一部スキャナ保存　　　　一部紙保存

スキャナ装置とは、どのようなものをいうのでしょうか？
スマホで撮影したものは対象にならないでしょうか？

スキャナ保存制度における「スキャナ」装置とは、書類を電子データに変換する入力装置のことです。従って、例えばスマートフォンやデジタルカメラ等も、この入力装置に該当すれば、スキャナ保存制度における「スキャナ」に含まれることになります。

書類は、課税期間の途中からスキャナ保存できますか？

第3章

スキャナ保存

書類は、課税期間の途中からでも、それ以後の作成分からスキャナ保存を開始することができます。

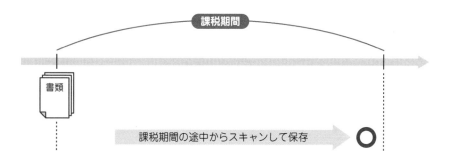

スキャナ保存を適用している場合、
書類の紙はすぐに廃棄していいでしょうか？

令和4年1月1日以後にスキャナ保存を行う書類については、スキャナで読み取り、最低限の同等確認（電子データの内容と書面の内容を比較し、折れ曲がったりしていないか等、内容が同等であることを確認）を行ったあとであれば、即時に廃棄してかまいません。

ただし、社内で書類の廃棄に関する手順や期日の決まりなどのルールを作っておくとよいでしょう。

要件を満たしてスキャン　　　　　原本廃棄OK！

帳簿や決算書をスキャナ保存してもかまいませんか？

帳簿や決算書のスキャナ保存は認められていません。電子データのまま保存（電子帳簿等保存）はできますが、一度紙に出力して、それをスキャンして保存することはできません。

ただし、スキャナ保存すること自体に問題はないので、スキャナ保存したうえで紙でも保存、もしくはスキャナ保存したうえで電子帳簿等保存をしておくことはかまいません。

Q6

うっかり入力期間を経過してしまいました。どうすればいいでしょうか?

 A6

入力期間を経過してしまった場合、スキャナ保存の適用はないため、その書類については紙のまま保存する必要があります。

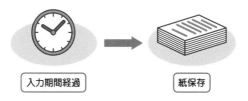

入力期間経過 → 紙保存

第**3**章

スキャナ保存

 Q7

一般書類には入力期間の制限がないとのことですが、
どんな書類が入力期間の制限なく適時に入力することができますか?

A7

注文書・見積書およびそれらの写し、自分が作成した納品書の写しなどが、入力期間の制限がなく、適時に入力することができます。

スキャナ保存は、「単にスキャンすればいい」というわけではないので、注意してね!

☑ スキャナ保存とは、原則紙で保存する取引関係書類について、要件を満たせばスキャンして保存してもよい制度です。

....

☑ **スキャナ保存の対象となる書類**
- 自分が発行する取引関係書類（見積書控・発注書控・納品書控・請求書控）など
- 取引先から受け取る取引関係書類（領収書・請求書・納品書・見積書）など

※決算関係書類（貸借対照表、損益計算書など）は対象外

....

☑ **一般書類の保存要件**
❶ 解像度200dpi相当以上での読み取り
❷ タイムスタンプの付与、または訂正・削除の履歴が残る/訂正・削除ができないシステムの利用
❸ システム概要書等を備え付け、速やかに出力できるようにする
❹ 検索機能の確保

....

☑ **重要書類の保存要件**
一般書類の要件に加えて、以下のものがあります。

❶ 入力期間の制限（「事務処理規程」を定めている場合2ヵ月＋7営業日以内）
❷ カラー画像（赤、緑、青の階調が24ビットカラー以上）による読み取り
❸ 帳簿との相互関連性の確保
❹ 見読可能装置等（ディスプレイ等）の備え付け

第4章

電子取引
データ保存

電子でやり取りしたデータについては、一定の要件のもと、電子データで保存することが義務付けられました。プリントアウトして紙だけで保存することは認められません。ここでは、令和6年1月からの「猶予措置」も含め、電子取引のデータをどう保存すればよいのかを解説します。

電子取引データ保存って なに？

電帳法には3つの区分があるんだったわよね。
この章では、いよいよ3つめの「電子取引データ保存」について確認していくわね

コレコレ！　これが「義務化」されるものですよね。
なるべく早く対応しないと…焦

そう。これまではプリントアウトして紙で保存
してもよかったけど、これからは電子データの
まま保存することが義務付けられるの

3つの区分	電子保存
電子帳簿等保存	任意
スキャナ保存	任意
電子取引データ保存	**義務**

● 電子帳簿保存法上の区分

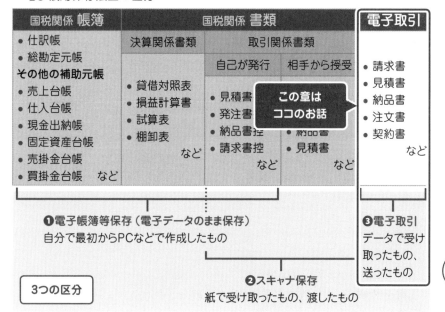

国税関係 帳簿	国税関係 書類			電子取引
	決算関係書類	取引関係書類		
		自己が発行	相手から授受	
● 仕訳帳 ● 総勘定元帳 **その他の補助元帳** ● 売上台帳 ● 仕入台帳 ● 現金出納帳 ● 固定資産台帳 ● 売掛金台帳 ● 買掛金台帳　など	● 貸借対照表 ● 損益計算書 ● 試算表 ● 棚卸表 　　　　など	● 見積書 ● 発注書 ● 納品書控 ● 請求書控 　　　　など	● 請求書 ● 見積書 　　　　など	● 請求書 ● 見積書 ● 納品書 ● 注文書 ● 契約書 　　　　など

この章は
ココのお話

❶電子帳簿等保存（電子データのまま保存）
自分で最初からPCなどで作成したもの

❸電子取引
データで受け
取ったもの、
送ったもの

3つの区分

❷スキャナ保存
紙で受け取ったもの、渡したもの

第4章
電子取引データ保存

‖ 電子取引データ保存とは？

　電帳法には 3 つの区分があって、電子取引データ保存は、そのうちの 1
つです。自分が電子で送る書類や、相手から電子で受け取る書類について、
一定の要件の元、電子保存しなければならないという制度です。

■ データの保存は義務化

　電子取引を行った場合には、一定の要件の下、電子データで保存するこ
とが義務化されました。
　電子取引で授受したデータをプリントアウトして、紙だけで保存するこ
とは認められません。ただし、電子データを保存しているのであれば、自
社の管理や便宜のために、紙に出力したものも併せて保存しておいたりす
ることはかまいません。

せっかく電子でやり取りしたんだから、電子のまま保存してね、ということね

‖ 電子取引って、どんな取引のこと？

　電子取引とは、**取引情報**（取引に関して相手から受け取る、または相手に交付する、注文書、契約書、送り状、領収書、見積書などの書類に通常記載される事項）**のやり取りを電子で行う取引**のことを指します。

● 具体例

- いわゆるEDI取引
- インターネット等による取引
- 電子メールにより取引情報を授受する取引（添付ファイルによる場合を含む）
- インターネット上にサイトを設け、当該サイトを通じて取引情報を授受する取引

　次の❶～❼のいずれも「電子取引」に該当すると考えられるので、一定の方法により電子データを保存しなければなりません。

❶ 電子メールによる請求書や領収書等を通じて取引情報を授受する取引の
データ（PDFファイル等）を受領

❷ インターネットのホームページからダウンロードした請求書や領収書等
のデータ（PDFファイル等）またはホームページ上に表示される請求
書や領収書等の画面印刷（いわゆるハードコピー）を利用

❸ 電子請求書や電子領収書の授受に係るクラウドサービスを利用

❹ クレジットカードの利用明細データ、交通系ICカードによる支払デー
タ、スマートフォンアプリによる決済データ等を活用したクラウドサー
ビスを利用

❺ 特定の取引に係るEDIシステムを利用

❻ ペーパレス化されたFAX機能を持つ複合機を利用

❼ 請求書や領収書等のデータをDVD等の記録媒体を介して受領

※電子帳簿等保存法一問一答【電子取引関係】問3参照。
https://www.nta.go.jp/law/joho-zeikaishaku/sonota/jirei/07denshi/01.htm#a002

身近な取引ですね！
毎日のように電子取引してます

　紙でやりとりしていた場合に保存が必要な書類（領収書、見積書、請求
書など）に相当するデータを保存する必要があります。電子取引したもの
をなんでもかんでも（メールのやり取り全て、などを）保存しなければい
けないわけではありません。

　あくまでも電子取引でやり取りしたものが対象であり、紙でやり取りし
たものをデータ化しなさい、というものではありません。

　受け取ったものだけではなく、送ったもの・発行したものも保存する必
要があります。

電子取引データ保存を行うためのルールは？

電子取引した情報は、どのように保存すればいいんでしょうか？

「改ざんされていないこと」と、「見やすく、検索しやすいこと」が大事。難しく考えなくても大丈夫！

電子取引データ保存のルールを教えてください！

‖「真実性の要件」と「可視性の要件」

電子取引データ保存は、以下の「真実性の要件」と「可視性の要件」を満たす必要があります。

真実性の要件：データが改ざんされないようにすること
可視性の要件：見やすいようにすること、検索できるようにすること

真実性の要件	次のうち、いずれかを行うこと ①タイムスタンプの付与 ②訂正・削除の履歴が残るシステム、もしくは訂正・削除ができないシステムを利用 ③事務処理規程を定め、その規程に沿った運用を行う
可視性の要件	・モニター、操作説明書等の備え付け ・検索機能の確保

■ 真実性の要件①【タイムスタンプの付与】

「タイムスタンプ」はスキャナ保存制度の場合と同様です。電子取引の送信者、または受信者のどちらかがタイムスタンプを付与します。

■ 真実性の要件②【訂正・削除の履歴が残るシステム、もしくは訂正・削除ができないシステムを利用】

訂正・削除の履歴が残るシステム、または訂正・削除ができないシステムを使用して、そのシステムでデータの授受および保存を行います。

例えば、クラウド事業者が提供するクラウドサービスで取引情報をやり取り・保存して、利用者側では訂正や削除ができない（または訂正・削除の履歴が残る）クラウドシステムであれば、要件を満たしているといえるでしょう。

> タイムスタンプとか訂正・削除の履歴が残るシステムとか導入していないんですけど…

> ルールを定めた「事務処理規程」を制定して、そのルールを守って保存すればOKよ！

■ 真実性の要件③【事務処理規程を定め、その規程に沿った運用を行う】

タイムスタンプや専用システムを導入していない場合には、「訂正および削除の防止に関する事務処理規程」を定めて備え付け、その規程に沿った運用を行います。

「事務処理規程」のサンプル（Word ファイル）は、国税庁のホームページよりダウンロードすることができます。

第**4**章　電子取引データ保存

● 国税庁ホームページ「参考資料（各種規程等のサンプル）」

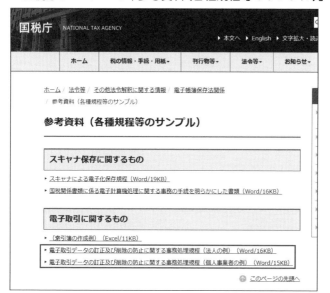

https://www.nta.go.jp/law/joho-zeikaishaku/sonota/jirei/0021006-031.htm

　事務処理規程には、管理責任者や取引データの保存期間、運用体制、訂正削除を行う場合の決まりなどを定めます。

　サンプルは法人用と個人事業者用があるので、自分に合う方をダウンロードし、修正して使用するといいでしょう。

● 法人の例（0021006-031_d.docx）

● 個人事業者の例（0021006-031_e.docx）

■ 可視性の要件

　可視性の要件には、モニター、操作説明書等の備え付け、検索機能の確保があります。ただし、小規模な事業者（基準期間の売上高が5,000万円以下の事業者）の場合は、検索機能は不要です。

　なお、令和6年1月1日以後は、その電子データをプリントアウトした書面の提示または提出の求めに応じることができるようにしていて、税務職員の質問検査権に基づく電子データのダウンロードの求めに応じることができるようにしている場合には、検索機能の確保要件は不要になりました。

　ただし、その出力した書面は「**日付ごと・取引先ごとに整理されたもの**[*]」に限られます。つまり、単にプリントアウトした書面を保存すればいいのではなく、日付ごと・取引先ごとに整理されていなければいけません。

＊後述する猶予措置（79ページ参照）においては、プリントアウトした書面を保存するだけでよく、日付ごと・取引ごとの整理は不要です。

　税務職員の質問検査権に基づく電子データのダウンロードの求めは、「一般の電子帳簿・書類」の場合と同様です（32ページ参照）。

■ 検索機能の確保要件を満たす方法

具体的にどんなふうに電子保存すれば、「検索機能の確保」を満たすのでしょうか？

電子取引データ保存に対応したシステムを使うか、使わない場合には、以下の2つの方法があるよ

❶一覧表の作成により検索機能を満たす方法

　この場合には、電子データのファイル名に連番を付して任意のフォルダに保存し、Excel 等で索引簿を作成します。

● 索引簿（例）

連番	日付	金額	取引先	備考
1	20241001	1,000,000	㈱〇〇商店	請求書
2	20241002	330,000	△△設備㈱	注文書
3	20241005	750,000	□□工務店	領収書

　「索引簿の作成例（フォーム）」（Excel ファイル）も、国税庁のホームページよりダウンロードすることができます。

● 国税庁ホームページ「参考資料（各種規程等のサンプル）」

https://www.nta.go.jp/law/joho-zeikaishaku/sonota/jirei/0021006-031.htm

❷ファイル名の入力により検索機能を満たす方法

取引データのファイル名を「取引年月日、取引金額、取引先」を含む規則的なものにし、そのファイルを「取引先」や「各月」などの任意のフォルダに保存します。

2024年5月30日付の株式会社〇〇商事からの300,000円の請求書データをPDFファイルが添付されたメールで受け取った場合

⇒20240530_㈱〇〇商事_300000

❶と❷のいずれの方法を採用するにしても、あらかじめ社内でルールを作っておくとよいでしょう。

索引簿の作成も、ファイル名を規則的にするのも、けっこう手間がかかりそう…。今のうちの会社だと、人手も足りないし厳しいです

準備が間に合わない場合には、猶予措置もあるから大丈夫！

猶予措置について

猶予措置の対象となるのはどんな場合ですか？

電子取引データのルールに対応できない「相当の理由」があって、プリントアウトした書面を提示・提出できるようにしていれば、猶予措置の適用が受けられるよ

‖ 猶予措置（令和6年1月1日以後、恒久的）

　令和6年1月1日以後、以下の要件に該当するときは、電子取引データの保存要件を満たしていない保存の方法であっても、電子取引データを保存することができます。

- 保存要件に従って保存できなかったことについて相当の理由があると認められる。
- 電子取引データのダウンロードの求め、およびデータを紙に出力したものを求めに応じて提示・提出できるようにしている。

　この猶予措置は、電子データの保存要件を満たした保存ができない場合であっても、その電子データの保存自体は行わなければいけないので、注意してください。

　電子データの保存義務が免除されるのではなく、あくまでも電子データの保存は必要です。税務調査等の際にダウンロードの求めに応じることが

できるように、そしてプリントアウトした書面を提示・提出できるようにしておく必要があります。

　令和6年1月1日以後は「紙の保存のみ」は認められませんので、プリントアウトした後に電子データを削除してはいけません。電子データが原本なので、そのまま保存しましょう。

　「相当の理由」とは、例えばシステム等の導入が間に合わないとか、人手不足で対応できないなど、事業者の実情に応じて柔軟に適用することが想定されていて、特に限定する趣旨ではないとされています。

　猶予措置を受けるための事前申請等は不要です。

「相当の理由」があれば、電子取引データを保存しつつ、電子取引データと、それをプリントアウトした書面を提示・提出できるようにしておけばいいんですね

● 令和6年1月1日以後にやり取りする電子取引データの保存方法

電子取引データをルールに従って保存できていますか？
【令和6年1月1日以後にやり取りする電子取引データ用】

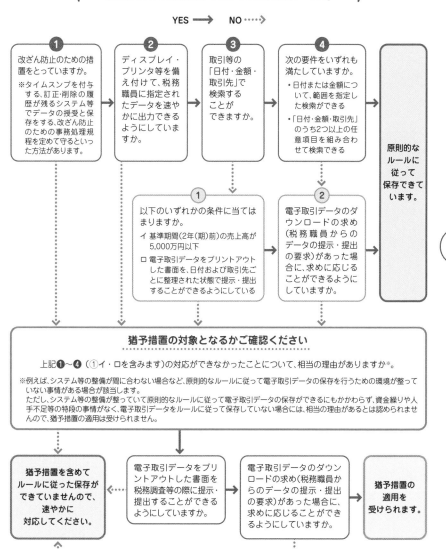

YES ➡　　NO ┄┄➡

❶ 改ざん防止のための措置をとっていますか。

※タイムスタンプを付与する、訂正・削除の履歴が残るシステム等でデータの授受と保存をする、改ざん防止のための事務処理規程を定めて守るといった方法があります。

❷ ディスプレイ・プリンタ等を備え付けて、税務職員に指定されたデータを速やかに出力できるようにしていますか。

❸ 取引等の「日付・金額・取引先」で検索することができますか。

❹ 次の要件をいずれも満たしていますか。

・日付または金額について、範囲を指定した検索ができる
・「日付・金額・取引先」のうち2つ以上の任意項目を組み合わせて検索できる

原則的なルールに従って保存できています。

① 以下のいずれかの条件に当てはまりますか。

イ 基準期間（2年（期）前）の売上高が5,000万円以下
ロ 電子取引データをプリントアウトした書面を、日付および取引先ごとに整理された状態で提示・提出することができるようにしている

② 電子取引データのダウンロードの求め（税務職員からのデータの提示・提出の要求）があった場合に、求めに応じることができるようにしていますか。

猶予措置の対象となるかご確認ください

上記❶〜❹（①イ・ロを含みます）の対応ができなかったことについて、相当の理由がありますか※。

※例えば、システム等の整備が間に合わない場合など、原則的なルールに従って電子取引データの保存を行うための環境が整っていない事情がある場合が該当します。
　ただし、システム等の整備が整っていて原則的なルールに従って電子取引データの保存ができるにもかかわらず、資金繰りや人手不足等の特段の事情がなく、電子取引データをルールに従って保存していない場合には、相当の理由があるとは認められませんので、猶予措置の適用は受けられません。

猶予措置を含めてルールに従った保存ができていませんので、速やかに対応してください。

電子取引データをプリントアウトした書面を税務調査等の際に提示・提出することができるようにしていますか。

電子取引データのダウンロードの求め（税務職員からのデータの提示・提出の要求）があった場合に、求めに応じることができるようにしていますか。

猶予措置の適用を受けられます。

第**4**章　電子取引データ保存

※国税庁「電子帳簿保存法 電子取引データの保存方法をご確認ください【令和6年1月以降用】」パンフレット3頁目をもとに作成。
https://www.nta.go.jp/publication/pamph/sonota/0023006-081_03.pdf

お悩みQ&Aコーナー

電子取引データ保存についても、具体的に「これは
どうなるの？」と迷うことがたくさんあります。

そうね。
具体的にお悩みをQ&A形式でまとめていくね

Q1

電子取引のデータを一度紙に出力して、
スキャナ保存することは認められますか？

A1

電子取引のデータを紙に出力して、それをスキャナ保存することは認められません。電子取引のデータと、プリントアウトして出力された紙が必ずしも一致しているという確保がされていないためです。

ただし、電子データの保存を適切に行ったうえで、それとは別に紙でも保存をしたり、スキャナ保存もすること自体は禁止されていません。

紙出力 → スキャン ✕ 認められない

Q2

データが添付された電子メールは、
そのメールが見られるようになっていればよいですか？

A2

対象となるデータは検索できる状態で保存しなければならないので、その
データが添付された電子メールをメールソフト上で閲覧できるだけでは十
分とはいえません。

Q3

ショッピングサイトの購入履歴は電子取引データの保存対象となりますか？

A3

インターネット・ショッピングサイトの購入履歴等が電子帳簿保存法の定
める要件を満たしていれば、購入履歴をもっての電子データ保存といえま
すが、次に掲げるようなサイトの場合は、保存要件を満たしていないと考
えられます。

- 取引年または年月でしか検索できず、取引年月日での検索ができない。
- 取引金額での検索ができない。
- サイトの画面からは検索できない。
- 2つ以上の項目による検索ができない。

今後、各サイトで改善される可能性もありますが、電子取引のデータ保存
の要件を満たしているかどうか確認が必要です。
また、そのサイトが未来永劫存在し続ける確証はなく、ショッピングサイ
ト自体がなくなったり、過去の履歴を見るのに制限がかかる可能性があり
ます。購入履歴から領収書等をダウンロードして保存し
ておくほうが望ましいでしょう。

第**4**章 電子取引データ保存

Q4

メールの添付ファイルにパスワードがかかっている場合は、
どのように保存すればよいでしょうか？

A4

パスワードがかかっている場合は、そのパスワードが書かれているメール
も併せて保存するなど、パスワードが解除できるように保存する必要があ
ります。

Q5

保存先の記憶媒体に決まりはありますか？

A5

電帳法では記憶媒体の規定はないので、パソコン本体のほか、USB 等の外
部記憶媒体、サーバ、クラウドサービスなど任意に選択できます。
どの記憶媒体に保存するにしても、保存期間（7 年間）の間、確実に保管
して税務調査で求められれば、モニターや紙などに速やかに出力できる状
態で保存する必要があります。
クラウドサービスの提供が停止になったり、ある一定以上の過去の分は見
れなくなったりしたら困ります。万が一に備えて、バックアップは複数の
場所に保存しておくと安心です。

Q6

従業員が会社の経費を電子取引で立て替えて、紙に印刷したものを会社に
提出しています。これは電子取引データ保存の対象になりますか？

A6

なります。従業員から紙で提出されても、従業員が支払先から電子データ
で領収書をもらったりした場合には、会社としての電子取引に該当します。
そのため、電子取引データ保存の対象になります。従業員から電子データ
も受け取って会社で保存し、必要に応じて、速やかに出力できるようにし
ておく必要があります。

Q7

副業の雑所得に関する電子取引について、
電子データを保存しなければいけませんか？

A7

雑所得の収入の前々年の金額が 300 万円を超える場合には、その業務に関
する請求書・領収書等を保存する必要があり、それを電子データで授受し
た場合には、電子データを保存する必要があります。
ただし、副業の雑所得の収入が少なく、請求書・領収書等の保存義務がな
い方は、電子データの保存義務もありません。

第**4**章

電子取引データ保存

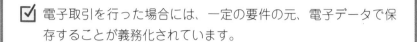

☑ 電子取引を行った場合には、一定の要件の元、電子データで保存することが義務化されています。

☑ 電子取引で授受したデータをプリントアウトして、紙だけで保存することは認められません。

☑ **電子取引データ保存の保存要件① 真実性の要件**
次のうち、いずれかを行います。
- タイムスタンプの付与
- 訂正・削除の履歴が残る／訂正・削除ができないシステムの利用
- 事務処理規程を定めて、規程に沿った運用を行う

☑ **電子取引データ保存の保存要件② 可視性の要件**
- モニター、操作説明書等の備え付け
- 検索機能の確保

☑ **猶予措置**
「相当の理由」があれば、以下の要件を満たせば大丈夫です。
- 電子取引データをプリントアウトした書面を提示・提出できるようにしている
- 電子取引データのダウンロードの要求に応じることができる

令和6年1月1日以降は、紙にプリントアウトした後も、電子取引データは削除しないで、速やかに出力できるように保存しておいてね

第5章

電帳法と附帯税

電帳法の改正によって、過少申告加算税が5%軽減されるケース、重加算税が10%上乗せされるケースができました。ここでは、どのような場合に適用されるのかを解説します。

5-01 優良な電子帳簿の過少申告加算税の軽減措置（メリット）

この節は「優良な電子帳簿」の保存をしていて、過少申告加算税の軽減措置を受けたい人向けに、詳しく説明するね

「優良な電子帳簿」かぁ…。ハードル高そうと思ったけど、メリットあるのはいいですよね！

「優良な電子帳簿」はまだ無理ー！って思う人はこの節は飛ばしてもいいです(笑)。今後、優良な電子帳簿にしてみようかなと思ったときに読んでね

優良な電子帳簿のメリットを受けるにはどうすればいいの？

　帳簿を「優良な電子帳簿」の保存要件（33ページ参照）で保存し、あらかじめ「国税関係帳簿の電磁的記録等による保存等に係る過少申告加算税の適用を受けるための届出書（以下、**特例適用届出書**）」を提出しておくと、あとからその電子帳簿に関連する過少申告が判明した場合に、過少申告加算税が5％軽減されるというメリットがあります。

　ただし、その申告に関して隠蔽し、または仮装された事実（売上などを故意に隠したり、取引を偽装するなど）がある場合には適用はありません。

> ## 過少申告加算税（原則10%※）　⇒　5%

※調査通知以後から調査による更正等予知前まで…5%〔10%〕
　調査による更正等予知以後…10%〔15%〕
　〔　〕は、元々の申告税額と50万円のいずれか多い額を超える部分に対する割合。

- ## 国税関係帳簿の電磁的記録等による保存等に係る
  ## 過少申告加算税の適用を受ける旨の届出書（1枚目）

国税関係帳簿の電磁的記録等による保存等に係る過少申告加算税の特例の適用を受ける旨の届出書（優良）

		※整理番号	
税務署受付印	（フリガナ）住所又は居所 納税地と異なる場合記載する納税地等	（電話番号　　－　　－　　）	
令和　年　月　日	（フリガナ）名称（屋号）		
税務署長殿 （所轄外税務署長）	法人番号		
税務署長殿 （規則第5条第4項において準用する規則第2条第10項の規定を適用して提出する理由）	（フリガナ）氏名 （法人の場合）代表者氏名		
	（フリガナ）（法人の場合）代表者住所	（電話番号　　）	

法第8条第4項の規定の適用を受けたいので、規則第5条第1項の規定により届け出ます。

1　特例の適用を受けようとする特例国税関係帳簿の種類並びに備付け及び保存に代える日
　（次に表示されている帳簿のほか、作成している場合にはその他の補助簿について記載する。）

帳簿の種類		備付け及び保存に代える日	帳簿の種類		備付け及び保存に代える日
根拠税法	名称等		根拠税法	名称等	
□ 所得税法 □ 法人税法 □ 消費税法	総勘定元帳	年　月　日	□ 所得税法 □ 法人税法 □ 消費税法		年　月　日
□ 所得税法 □ 法人税法	仕訳帳	年　月　日	□ 所得税法 □ 法人税法		年　月　日
□ 所得税法 □ 法人税法		年　月　日	□ 所得税法 □ 法人税法		年　月　日
□ 所得税法 □ 法人税法		年　月　日	□ 所得税法 □ 法人税法		年　月　日

2　その他参考となるべき事項

（1）　特例の適用を受けようとする国税関係帳簿の作成・保存に使用するプログラム（ソフトウェア）の概要
□市販のソフトウェアのうちJIIMAの認証を受けているもの
　　（メーカー名：　　　　　　　　　　商品名：　　　　　　　　）
□市販のソフトウェア（メーカー名：　　　　　商品名：　　　　　　）
□自己開発（委託開発の場合は、委託先：　　　　　　　　　　　　　）

（2）　その他参考となる事項

税理士署名	

※税務署処理欄	通信日付印	確認	入力年月日	入力担当者	番号確認	（摘要）
	年　月　日		年　月　日			

（1／1）

第**5**章　電帳法と附帯税

特例適用届出書は、適用を受けようとする国税に係る法定申告期限までに提出が必要です。

例：3月決算の会社で、2024年4月1日から
　　優良な電子帳簿の保存を開始したい
　　→2025年5月31日までに提出

● 特例適用届出書の提出期限

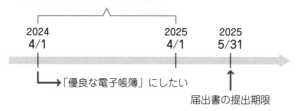

■ 電子帳簿等保存制度特設サイト（国税庁）

　優良な電子帳簿のメリットが受けられるか、次ページのチェックシートで確認してみましょう。

　以下のURLにアクセスして、「**電子帳簿・電子書類**」のリンクをクリックすると、各種のPDFをダウンロードすることができます。

https://www.nta.go.jp/law/joho-zeikaishaku/sonota/jirei/
tokusetsu/index.htm

● 優良な電子帳簿の要件チェックシート

~優良な電子帳簿の要件チェックシート~

※法8条第4項の優良な電子帳簿に係る過少申告加算税の軽減措置の適用を受けようとする場合には以下の（1）～（6）の全てにチェックが付される必要があります。

（前提）	□ 課税期間の初日から、電子帳簿により備え付けている。 □ 最初の記録段階から一貫して電磁的記録（明細データ）により作成・保存している。 □ 青色申告者が保存すべき全ての帳簿（買掛帳や売掛帳等を含む）について、次の要件を満たして作成・保存している。

（1）システム関係書類及び事務手続関係書類の備付けに関する措置（規則第2条第2項第1号関係）

次の区分に応じて、①～④の書類を備え付ける。※電子計算機処理を他の者に委託する場合は③を除く。

□ 自己が開発したプログラムを使用する場合（委託開発したプログラムを含む）…①、②、③、④
□ 上記以外のプログラム（市販のプログラム）を使用する場合・・・・・・・・・・・・・・③、④
① システムの概要を記載した書類
② システムの開発に際して作成した書類
③ システムの操作説明書
④ 電子計算機処理に関する事務手続を明らかにした書類（電子計算機処理を他の者に委託する場合には
その委託に係る契約書等）並びに電磁的記録の備付け及び保存に関する事務手続を明らかにした書類

（2）ディスプレイ及びプリンタの備付け並びに出力に関する措置（規則第2条第2項第2号関係）

□ 電磁的記録の備付け及び保存をする場所に出力のための電子計算機、プログラム、ディスプレイ及びプリンタ並び
にこれらの操作説明書を備え付けて、電磁的記録をディスプレイの画面及び書面に、整然とした形式及び明瞭な状態
で出力することができる。
□ 上記以外の方法による。

[　　　]

（3）訂正又は削除の事実及び内容の確認に関する措置（規則第5条第5項第1号イ(1)関係）

□ データを直接に訂正又は削除することができるが、その事実及び内容が自動的に記録されるシステムを使用する。
□ データを直接に訂正又は削除することができないシステムを使用し、訂正又は削除は、いわゆる反対仕訳（当初
データの特定に必要な情報を付加）を入力することにより行う。
□ 上記以外の方法による。

[　　　]

※ 該当する場合のみ記載してください。
□ ただし、入力日から〔　　　〕日間に限っては、訂正又は削除の事実及び内容を残さない（内部規程等でこ
の旨を定める）。

（4）追加入力した事実の確認に関する措置（規則第5条第5項第1号イ(2)関係）

□ 入力データに入力年月日の情報を自動的に付加する（付加した情報を訂正し又は削除することができ
ない）システムを使用する。
□ 入力データに個々のデータを特定することができる情報〔□一連番号、□伝票番号、□その他
（　　　　　　　　　　　　　）〕を自動的に付加する（付加した情報を訂正し又は削除することができない）
システムを使用する。
□ 上記以外の方法による。

[　　　]

（5）国税関係帳簿間の記録事項の関連性の確認に関する措置（規則第5条第5項第1号ロ関係）

□ 〔□一連番号、□伝票番号、□その他（　　　　　　　　　　　　）〕により国税関係帳簿間の関連性を確認するこ
とができる。
□ 上記以外の方法による。

[　　　]

（6）検索機能の確保の要件（規則第5条第5項第1号ハ関係）

□ ①取引年月日、取引金額及び取引先を検索の条件として設定することができる。
□ ②日付又は金額に係る記録項目は、その範囲を指定して条件を設定することができる。
□ ③二以上の任意の記録項目を組み合わせて条件を設定することができる。
□ ダウンロードの求めに応じることができるようにしている。（左記の場合には、上記②③の要件は不要）

https://www.nta.go.jp/law/joho-zeikaishaku/sonota/jirei/pdf/0021011-060_03.pdf

‖ 対象となる帳簿は？

　電子帳簿の保存は、一部の帳簿だけ電子保存することができますが、過少申告加算税が軽減されるメリットを受けたい場合には、その税目に係る「特例国税関係帳簿」の<u>すべて</u>を優良な電子帳簿の保存要件に従って保存する必要があります。

■「特例国税関係帳簿」とは？

　「特例国税関係帳簿」とは、下記の帳簿のことを指します。

● 法定申告期限が令和5年12月31日以前のもの

> ❶ 所得税、法人税
> 　①仕訳帳、②総勘定元帳、③その他必要な帳簿（<u>すべての青色関係帳簿</u>）
> ❷ 消費税
> 　課税仕入れの税額の控除に係る帳簿、売上対価の返還等に係る帳簿など

● 法定申告期限が令和6年1月1以降のもの

> ❶ 所得税、法人税
> 　①仕訳帳、②総勘定元帳、③その他必要な帳簿（<u>以下の記載事項に係るものに限定</u>）
> ❷ 消費税
> 　課税仕入れの税額の控除に係る帳簿、売上対価の返還等に係る帳簿など

● 「電子帳簿保存法の内容が改正されました
　①電子帳簿等保存に関する主な改正事項」より

その他必要な帳簿における記載事項	帳簿の具体例
売上げ（加工その他の役務の給付等売上げと同様の性質を有するものを含む）、その他収入に関する事項	売上帳
仕入れその他経費（法人税は、賃金・給料・法定福利費・厚生費を除く）に関する事項	仕入帳、経費帳、賃金台帳（所得税のみ）
売掛金（未収加工料その他売掛金と同様の性質を有するものを含む）に関する事項	売掛帳
買掛金（未払加工料その他買掛金と同様の性質を有するものを含む）に関する事項	買掛帳
手形（融通手形を除く）上の債権債務に関する事項	受取手形記入帳、支払手形記入帳
その他の債権債務に関する事項（当座預金を除く）	貸付帳、借入帳、未決済項目に係る帳簿
有価証券（商品であるものを除く）に関する事項（法人税のみ）	有価証券受払い簿（法人税のみ）
減価償却資産に関する事項	固定資産台帳
繰延資産に関する事項	繰延資産台帳

https://www.nta.go.jp/law/joho-zeikaishaku/sonota/jirei/pdf/0023003-082.pdf

第**5**章

電帳法と附帯税

　したがって、例えば、現金出納帳・当座預金出納帳・賃金台帳（法人税のみ）については、電子化していなくても「優良な電子帳簿」と認められることになります。

固定資産台帳などが優良な電子帳簿の要件に対応しているか、システムを確認してね

■ 支店ごと・事務所ごとに帳簿を作成している場合は？

　すべての「特例国税関係帳簿」で優良な電子帳簿の要件を満たす必要があるので、例えば支店ごとに作成している帳簿などでも、該当する帳簿はすべて優良な電子帳簿の保存要件を満たしていなければ、過少申告加算税の軽減のメリットは受けられません。

　「ある支店はメリットを受け、別の支店は受けられない」ということではなく、すべての本店・支店の「特例国税関係帳簿」で保存要件を満たす必要があります。

‖ 5％軽減となる過少申告の範囲は？

　過少申告加算税の軽減措置の対象となるのは、帳簿に基づいて計算される税額です。したがって、帳簿とは関係なく計算されるもの、例えば所得税の所得控除（保険料控除や扶養控除など）の適用誤りについては、過少申告加算税の軽減措置の対象にならないということになります。

※過少申告加算税の軽減措置の適用があった場合は、その賦課決定通知書に、軽減措置の適用がある旨が記載されます。

‖ 特例をやめたい場合や変更があった場合は
‖ どうしたらいいの？

■ 5％軽減の特例をやめたい場合

　「特例適用届出書」を提出した後、過少申告加算税の5％軽減の措置の適用を受けることをやめたいときは、あらかじめ「国税関係帳簿の電磁的記録等による保存等に係る過少申告加算税の特例の適用の取りやめの届出書（以下、**特例取りやめ届出書**）」を税務署に提出します。

　特例取りやめ届出書を提出すると、その提出した日の属する課税期間以後の課税期間については、特例は受けられなくなります。

● 国税関係帳簿の電磁的記録等による保存等に係る
　過少申告加算税の特例の適用の取りやめの届出書

国税関係帳簿の電磁的記録等による保存等に係る過少申告加算税の特例の適用の取りやめの届出書
国税関係帳簿書類の電磁的記録等による保存等の取りやめの届出書　　　　　　　　　　（取りやめ）

		※整理番号	

税務署受付印

令和　年　月　日

税　務　署　長　殿
（所轄外税務署長）

税　務　署　長　殿
（規則第5条第4項において準用する規則第2条第10項の規定を適用して提出する理由）

（フリガナ）
住所又は居所
（法人の場合）
本店又は主たる事務所の所在地
（電話番号　　－　　－　　）

（フリガナ）
名称（屋号）

法人番号

（フリガナ）
氏名
（法人の場合）
代表者氏名

（フリガナ）
（法人の場合）
代表者住所
（電話番号　　－　　－　　）

□　　　　　　年　月　　　日以後保存等を行う特例国税関係帳簿について、法第8条第4項の特例の適用を取りやめますので、規則第5条第2項の規定により届け出ます。

・特例の適用を受ける旨の届出書を提出した年月日：　　　　年　　月　　日

□　　　　　　年　月　　　日以後保存等を行う次の国税関係帳簿書類について電磁的記録等による保存等を取りやめますので、旧法第7条第1項の規定により届け出ます。

1　電磁的記録等による保存等をやめようとする国税関係帳簿書類の種類等

帳簿書類の種類等		当初の承認を受けた年月日等	保　存　方　法	納税地等（上段）保存場所（下段）
根拠税法	名称等			
		年　月　日	□ 電磁的記録 □ COM　□ スキャナ	
		年　月　日	□ 電磁的記録 □ COM　□ スキャナ	
		年　月　日	□ 電磁的記録 □ COM　□ スキャナ	

2　電磁的記録等による保存等をやめようとする理由

3　その他参考となる事項

「旧法第4条第3項の規定による電磁的記録の保存をやめようとする場合の基となった書類の保存の状況」
（　□保存している　・　□廃棄した　）

税理士署名

※税務署処理欄	同時提出届出書		回　付　先	整理簿	
	個人（消費）・資産・資料・法人（消費）・源泉諸税・酒（　　）		管理運営　⇒　個人・資産・資料・法人・源泉諸税・酒・局（　　　　）		
	通信日付印	確認	入力年月日	入力担当者	番号確認	（摘要）
	年　月　日		年　月　日			

（1／1）

第**5**章　電帳法と附帯税

https://www.nta.go.jp/law/joho-zeikaishaku/sonota/jirei/pdf/0021011-060_04.pdf

■「特例適用届出書」の内容に変更がある場合

　また、提出した「特例適用届出書」に変更がある場合は、「国税関係帳簿の電磁的記録等による保存等に係る過少申告加算税の特例の適用を受ける旨の届出の変更届出書（以下、**特例変更届出書**）」を税務署に提出します。

● 国税関係帳簿の電磁的記録等による保存等に係る
過少申告加算税の特例の適用を受ける旨の届出の変更届出書

国税関係帳簿の電磁的記録等による保存等に係る過少申告加算税の特例の適用を受ける旨の届出の変更届出書
国税関係帳簿書類の電磁的記録等による保存等の変更の届出書　　　　　　　　　　　　（変更）

税務署受付用	※整理番号

令和　年　月　日	（フリガナ） 住所又は居所 （法人の場合） 本店又は主たる事務所の所在地	（電話番号　－　－　）
税 務 署 長 殿 （所轄外税務署長）	（フリガナ） 名　称（屋号）	
税 務 署 長 殿 （規則第5条第4項において準用する規則第2条第10項の規定を適用して提出する理由）	法 人 番 号	
	（フリガナ） （法人の場合） 氏　　名 代表者氏名	
	（フリガナ） （法人の場合） 代 表 者 住 所	（電話番号　－　－　）

次の事項を変更することとしたので、□ 規則第5条第3項　の規定により届け出ます。
　　　　　　　　　　　　　　　　　　□ 旧法第7条第2項

《注意事項》規則第5条第3項の規定により届け出る場合は、項目1について記載は必要ありません。

1　変更しようとする事項に係る国税関係帳簿書類の種類等

帳簿書類の種類等		変更しようとする日 （当初の承認を受けた年月日等）	保　存　方　法	納税地等（上段） 保存場所（下段）
根拠税法	名称等			
		年　月　日 （　年　月　日）	□ 電磁的記録 □ COM　□ スキャナ	
		年　月　日 （　年　月　日）	□ 電磁的記録 □ COM　□ スキャナ	
		年　月　日 （　年　月　日）	□ 電磁的記録 □ COM　□ スキャナ	

2　変更しようとする事項及び変更の内容

変　更　事　項	変　　更　　の　　内　　容
	「特例の適用を受ける旨の届出書を提出した年月日：　　年　月　日」

3　その他参考となる事項

「システム変更の場合に、旧法第4条第3項の規定により保存している電磁的記録を変更後のシステムに移行することの可否（□可 ・ □否）」

税 理 士 署 名

※税務署処理欄	同　時　提　出　届　出　書		回　　付　　先		整理簿
	個人（消費）・資産・資料・法人（消費）・源泉諸税・酒（　）	管理 運営 ⇒	個人・資産・資料・法人・源泉諸税・酒・局（　）		
	通信日付印	確認	入力年月日	入力担当者	番号確認	（摘要）
	年　月　日		年　月　日			

（1/1）

https://www.nta.go.jp/law/joho-zeikaishaku/sonota/jirei/pdf/0021011-060_06.pdf

不正があった場合の重加算税の加重措置（デメリット）

重加算税の加重措置…？？ってなんですか？

以前よりはスキャナ保存や電子取引データ保存がしやすくなったけど、その代わりに悪いことをしたら罰則は重くするよ、ってことね

スキャナ保存・電子取引データ保存で不正をすると罰則が重くなる

　スキャナ保存や電子取引データ保存については、不正できないよう、タイムスタンプの付与などの様々な要件を設けていますが、適正な保存を担保するため、不正があった場合にはその罰則が重くなります。

　スキャナ保存や電子取引の電子データに関して、隠蔽・仮装（売上などを故意に隠したり、取引を偽装したり）があった場合に、その事実に関して生じた申告漏れ等にかかる重加算税が10％上乗せされるのです。

過少申告加算税の重加算税	35% ⇒	45%
不納付加算税の重加算税	35% ⇒	45%
無申告加算税の重加算税	40% ⇒	50%

45％とか50％は大きいですね…汗

重加算税は、計算ミスや勘違いではなく、隠蔽・仮装というように故意に悪質な場合に課されるものだから、まじめに保存していれば心配ないわよ

‖ 重加算税の加重措置の対象となるのはどんなとき？

電子データを直接改ざんした場合だけでなく、紙段階で不正があった請求書等をスキャンしたとか、架空の請求書を電子データで保存した場合などが対象となります。

● 重加算税が10％上乗せされる不正の例

- 電子データを直接改ざん等した場合
- 紙段階で不正のあった請求書等（作成段階で不正のあった電子取引の電子データを含む）をスキャナ保存している場合
- 通謀等により、相手方から受領した架空の請求書等をスキャナ保存している場合
- 通謀等により、相手方から受領した架空の電子取引の電子データを保存している場合

第5章　まとめ

☑ 優良な電子帳簿の過少申告加算税の5％軽減措置のメリットを受けたい場合には、あらかじめ「特例適用届出書」を提出しておきましょう。

☑ 軽減措置のメリットを受けるためには、すべての「特例国税関係帳簿」で優良な電子帳簿の要件を満たす必要があります。

☑ スキャナ保存や電子取引データ保存について、隠蔽・仮装があった場合には、その事実に関して生じた申告漏れ等にかかる重加算税が10％上乗せされます。

第6章

電帳法と
インボイス制度

電帳法は所得税・法人税などの国税全般に関するルール、インボイス制度は消費税に関する新しい制度で、全く別のものです。ただし、消費税の仕入税額控除のために、保存する帳簿や請求書等（インボイス）に電帳法が関係してきます。

インボイス制度って
なんだっけ？

インボイス制度は消費税に関する制度ですよね

そう。インボイスをもらった場合だけ、
消費税の仕入税額控除をすることができるの

仕入税額控除ができないと、
消費税の納税額が増えちゃうんですよね

消費税の仕入税額控除をするには
「帳簿及び請求書等の保存」が必要

　消費税を納める事業者で、原則的な方法で消費税を計算している場合、納める消費税は次のように計算します。

> お客様からもらった消費税 ── 経費で払った消費税

　お客様からもらった消費税を全部納めるわけではなく、経費を払うときに払った消費税との差額を納めます。経費で払った消費税は、そのとき消費税をもらったお店（売った側）が納めるので、差し引けるのです。

　この「経費で払った消費税」を差し引くことを「**仕入税額控除**」といい、仕入税額控除をするためには「帳簿及び請求書等の保存」が必要です。

　具体的には「いつ、どこで、何を、いくらで買ったのか」がわかるように帳簿をつけ、払ったときのレシートや請求書などを保存します。

消費税の仕入税額控除をするには「インボイス」が必要

　インボイス制度は 2023 年 10 月から開始され、レシートや請求書に「**T0123456789123**」のような 13 桁のインボイス登録番号があるものも多く見られるようになりました。これが、**インボイス（適格請求書）**です。

● インボイス（適格請求書）

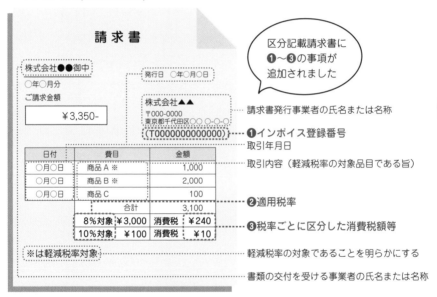

　インボイスには、これまで（インボイス制度が始まる前）の区分記載請求書等に、以下の記載事項が追加されています。

❶インボイス登録番号
❷適用税率
❸税率ごとに区分した消費税額等

インボイスを発行することができるのは、あらかじめインボイス発行事業者に登録した事業者だけで、免税事業者は発行することができません。

　仕入税額控除をするためには、保存する請求書等がインボイスである必要があります。インボイスではない請求書等では、消費税の仕入税額控除ができなくなります（※経過措置あり。なお、法人税や所得税の経費にはなります）。

● インボイスではない普通のレシートや請求書等の場合

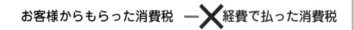

　インボイスではないレシートや請求書では、経費で払った消費税に含まれなくなります。原則的な方法で消費税を計算している事業者は、消費税分の納税額が増えてしまうため、できればインボイスが欲しいでしょう。

● 仕入税額控除にはインボイスが必要

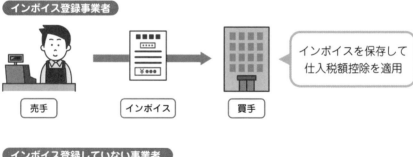

6-02 電帳法とインボイス制度の関係

インボイスも電帳法と関係があるんですか？

インボイスと電帳法は全く別の制度だけど、仕入税額控除をするには「帳簿及び請求書等の保存」が必要で、帳簿やインボイスの保存に電帳法が関係してくるよ

仕入税額控除の要件で保存が必要な帳簿も電帳法の対象

　消費税法上、仕入税額控除をするためには「帳簿及び請求書等の保存」が必要です。そして、その帳簿についても電帳法の対象です。

　したがって、原則、帳簿は紙で保存する必要がありますが、仕入税額控除の要件として保存する帳簿を、自分で最初から一貫してパソコン等で作成して、**電子帳簿等保存**（第 2 章）の要件を満たして保存していれば、電子データのまま保存することができます。

仕入税額控除の要件で保存が必要な請求書等も電帳法の対象

　インボイス（請求書等）も電帳法の対象となります。

■ 紙で受け取ったインボイス

紙で受け取ったインボイスは、原則、紙で保存する必要がありますが、スキャナで読み取って、**スキャナ保存**（第3章）の要件を満たして保存していれば、スキャナ保存することができます。この場合、もらったインボイスの原本を破棄していても、消費税の仕入税額控除ができます。

■ 電子取引で受け取ったインボイス

メールや電子インボイスで受け取ったインボイスは、**電子取引データ保存**（第4章）の要件を満たして保存する必要があります。ただし、電帳法とは異なり、消費税法上は紙に印刷して保存することも認められています（整然とした形式および明瞭な状態で印刷すること）。

電子取引で受け取ったインボイスを紙出力して保存すると、消費税の仕入税額控除は受けられますが、電帳法上は NG ということです。

電子取引データの保存要件を満たすために、電子データも保存しておき、それをプリントアウトした紙も提示・提出できるようにしておくほうがよいでしょう。

● 国税関係書類の保存方法の違い

【経理ドリブン】「電子帳簿保存法とインボイス制度は併せて対応するのが正解！」より
（https://keiridriven.mjs.co.jp/169595/）

■ 紙で発行したインボイス

　紙で発行したインボイスは、原則は紙で保存する必要がありますが、スキャナで読み取って、スキャナ保存（第3章）の要件を満たして保存していれば、スキャナ保存することができます。この場合、発行したインボイスの原本は破棄してかまいません。

■ 自分が一貫してパソコン等で作成したインボイス

　自分で最初から一貫してパソコン等で作成したインボイスは、電子帳簿等保存（第2章）の要件を満たして保存していれば、電子データのまま保存することができます。

■ 電子取引で発行したインボイス

　メールや電子インボイスで発行したインボイスは、電子取引データ保存（第4章）の要件を満たして保存する必要があります。ただし、電帳法とは異なり、消費税法上は紙に印刷して保存することも認められています（整然とした形式および明瞭な状態で印刷すること）。

　電子取引データの保存要件を満たすために、電子データも保存しておき、それをプリントアウトした紙も提示・提出できるようにしておくほうがよいでしょう。

> インボイス制度は消費税に関する新しい制度。
> 電帳法は所得税・法人税などの国税全般に関する
> ルール。全く別の制度です

第**6**章

電帳法とインボイス制度

第6章 まとめ

☑ 消費税の仕入税額控除をするには、「帳簿及び請求書等の保存」が必要です。

☑ インボイス制度開始後は、仕入税額控除をするには「インボイス」が必要です（経過措置あり）。

☑ 自分で最初から一貫してパソコン等で作成した帳簿およびインボイスは、要件を満たせば電子保存をしても大丈夫です。

☑ 紙で授受したインボイスは、要件を満たせばスキャンして保存をしても大丈夫です。

☑ 電子取引で授受したインボイスは、電子データで保存する必要があります。ただし、紙に出力して保存しても仕入税額控除は可能です（電子帳法上は、紙だけでの保存は認められません）。

第7章

何から始めたらいいか
わからない事業者向け
（初級編）

効率化するために電子化を進めたいのに、電帳法のせいでかえって業務が忙しくなっては本末転倒です。まずはハードルを低く、できるところから電子化したい方のために「最初に始めてみること」をまとめました。

「一般の電子帳簿」から取り組んでみる

色々教わったけど…、結局まずは
何から始めたらいいでしょうか…？

電子帳簿等保存の「一般の電子帳簿・書類」
の保存はかなりハードルが低いと思うから、
取り組んでみたらどうかな！

● 電子帳簿保存法上の区分

国税関係 帳簿	国税関係 書類			電子取引
	決算関係書類	取引関係書類		
		自己が発行	相手から授受	
● 仕訳帳 ● 総勘定元帳 **その他の補助元帳** ● 売上台帳 ● 仕入台帳 ● 現金出納帳 ● 固定資産台帳 ● 売掛金台帳 ● 買掛金台帳　　など	● 貸借対照表 ● 損益計算書 ● 試算表 ● 棚卸表 　　　　など	● 見積書控 ● 発注書控 ● 納品書控 ● 請求書控 　　　　など	● 領収書 ● 請求書 ● 納品書 ● 見積書 　　　　など	● 請求書 ● 見積書 ● 納品書 ● 注文書 ● 契約書 　　　　など

❶電子帳簿等保存（電子データのまま保存）
自分で最初からPCなどで作成したもの

❸電子取引
データで受け取ったもの、送ったもの

3つの区分

❷スキャナ保存
紙で受け取ったもの、渡したもの

電子で作ったものをそのまま電子で保存するから、ハードルは低い

　電帳法には3つの区分があって、電子帳簿等保存は、そのうちの一つです。自分で最初から一貫してパソコンなどで作成した帳簿・書類を一定の要件に従って保存すれば、電子データのまま保存することができるというものです。

　電子帳簿等保存には、「優良な電子帳簿」と「一般の電子帳簿・書類」があり、「一般の電子帳簿・書類」の保存要件はそれほど多くありません。

　まずは、パソコンで作成した電子データを、そのまま電子保存する「一般の電子帳簿・書類」ならストレスなく取り組めると思います。

　「一部の帳簿・書類」だけを電子データで保存することもできるので、すべての帳簿、書類を電子データ保存する必要はありません。パソコンで作成している帳簿や書類について、そのまま電子データで保存すれば、プリントアウトする手間やコスト、保管場所などが削減できます。

一般の電子帳簿・書類の電子データ保存のルール

　一般の電子帳簿・書類の保存要件は、以下の3つです。

> ❶ システム関係書類等の備え付け
> ❷ ディスプレイ等の備え付け
> ❸ 税務職員の質問検査権に基づく電子データのダウンロードの求めに応じられる

　つまり、会計ソフトで作成した帳簿やExcelで作成した請求書等について、

> ● システムの説明書やディスプレイ等を備え付け
> ● 税務職員からのデータのダウンロードの求めに応じること

ができれば、電子データのまま保存することができます。ほとんどの場合、この要件を満たしているでしょう。

一般の電子帳簿・書類の電子データ保存のデメリット？

　電子データのまま保存すれば、プリントアウトする手間や時間、印刷コスト、保管場所などを大幅に削減することができるというメリットがあります。

　一方で、税務調査の際にダウンロードの求めに応じてデータで渡すことになるため、紙で渡すケースに比べて調査官が検索、調査しやすくなって、調査が広く速く進むことになります。しいていえば、デメリットといえるかもしれません。

column

どうして電子帳簿保存法は大きく改正されたの？

　電子帳簿保存法は1998年の制定からこれまで幾度となく改正を繰り返され、特に令和3年度税制改正において、電子取引データの電子保存が義務化されるなどの抜本的な見直しがされました。

　その背景には、国税庁・税務署にとって、迅速に正確な調査ができるようにしたいという思惑があるように思います。調査の際に書類を探し出す手間がかなり軽減されるでしょう。

　一方、企業側にとっても、税務調査のために長い年数、膨大な書類を保管しなければならなかったのが解消されれば、保管コストが削減できます。その他にも、業務効率がアップするなど様々なメリットがあります。

スキャナ保存は原本保存との併用から始めてみる

スキャナ保存は、タイムスタンプとか…。ハードル高そうだから、無理かなと思っちゃいます

そういう人は、「まずはスキャナ保存してデータと結び付けて、紙でも保存しておく」というところからスタートしてみたらどうかな？

そうですね。紙でも保存しておけば安心だし、少しずつでもDX（デジタルトランスメーション）化するためには、まずは併用からがいいかも！

第**7**章

何から始めたらいいかわからない事業者向け（初級編）

● 電子帳簿保存法上の区分

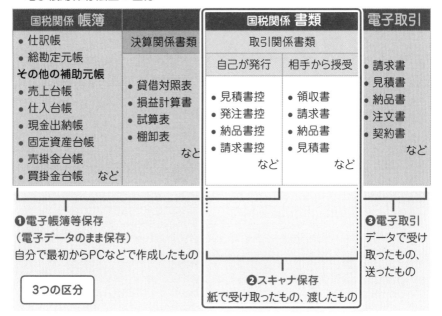

スキャナ保存は「紙➡電子」で保存するため、ハードルが高い

電帳法には3つの区分があって、スキャナ保存はそのうちの1つです。

自分が紙で発行する書類や、相手から紙で受け取る書類について、スキャンして保存してもいいよ（要件あり）という制度です。

スキャナ保存は、紙の書類を電子で保存する方法です。そのため、紙の元々の情報とスキャンした電子データの情報が一致している（改ざんされていない）ことを保証しなければいけません。これには、入力期間の制限やタイムスタンプの付与や帳簿との相互関連性の確保など、さまざまな要件があります。

現実的には、スキャナ保存に対応したシステムを使って、入力期限内に適正に保存するとよいでしょう。

┃「スキャナで保存しつつ、
　保険として紙も保存しておく」からスタート

　正しくスキャナ保存のルールを守って保存した場合、原本（元の紙）はすぐに破棄してかまいませんが、きちんと要件を満たせていなかった場合には、スキャナ保存したはずのデータは保存されていないことになってしまいます。

　そのため、自信がない場合には保険として紙も保存しておくとよいでしょう。むしろ、メインは紙の保存でスキャナ保存は後述する別のメリットために利用するイメージです。

　「本格的にスキャナ保存の運用が適正にできるようになってきたら、紙を廃棄する」というルールにすれば、最初のハードルは低くなります。

┃ スキャンするメリット

　「大量のレシート等をスキャンしてアップロードし、会計ソフトに連携する」、「大量のレシートをスキャンしながらパソコンに読み込み、自動で仕訳を生成する」など、スキャナ保存の活用は様々です。インボイスかどうかも判定してくれるので、目視で確認するより断然時間短縮にもなります。

　仕訳データとスキャンしたレシート等が紐づけされていれば、日付や金額で簡単にレシート等を検索できます。紙のレシートの山から探し出すのは至難の業です。

　また、書類をアップロードしておけば、どこからでもアクセスでき、そのためだけに会社や店舗に出向いて確認する必要などもありません。

　原本の紙を即廃棄できるという大きなメリットは受けられませんが、少しずつでも業務のデジタル化を進めるためにも、まずはスキャンして保存してみましょう。一部の書類でかまいませんので、「従業員の立替レシートのみ」、「本店のみ」など部分的にスタートしてみてはいかがでしょうか。

電子取引データは猶予措置を適用して保存

「電子取引データ保存」は義務化だから、一番気になるよね

これまで、Amazonで買ったものは、領収書をプリントアウトして紙で保存してたんですけど、電子データで保存しないといけないんですよね…

● 電子帳簿保存法上の区分

国税関係 帳簿	国税関係 書類			電子取引
	決算関係書類	取引関係書類		
		自己が発行	相手から授受	
・仕訳帳 ・総勘定元帳 **その他の補助元帳** ・売上台帳 ・仕入台帳 ・現金出納帳 ・固定資産台帳 ・売掛金台帳 ・買掛金台帳　など	・貸借対照表 ・損益計算書 ・試算表 ・棚卸表 　　　など	・見積書控 ・発注書控 ・納品書控 ・請求書控 　　　など	・領収書 ・請求書 ・納品書 ・見積書 　　　など	・請求書 ・見積書 ・納品書 ・注文書 ・契約書 　　　など

❶電子帳簿等保存（電子データのまま保存）
自分で最初からPCなどで作成したもの

❸電子取引データで受け取ったもの、送ったもの

❷スキャナ保存
紙で受け取ったもの、渡したもの

3つの区分

そう。でも猶予措置があるから、「電子取引データの
ダウンロード」、「データをプリントアウトしたも
の」を求めに応じて提示・提出できれば大丈夫！

‖ 電子取引は、紙保存のみはNGです

　令和6年1月1日より、電子取引のデータはプリントアウトして紙で保
存することが認められなくなりました。「せっかく電子でやりとりしたんだ
から、紙で保存しないで、電子で保存してね」ということです。

　電子取引データ保存を行うためには、正式には、

- **真実性の要件（データが改ざんされていないこと）**
- **可視性の要件（見やすいようにすること、検索できるようにすること）**

を満たす必要があります（72ページ参照）。

　ただし、令和6年1月1日以降、猶予措置（恒久的）があるため、上記
の保存要件に従って保存できないことについて、「相当の理由」があり、下
記の条件が該当すれば、電子取引データの保存をすることができます。

- **電子取引データのダウンロードの求め、およびデータを紙に出力したも
のを求めに応じて提示・提出できるようにしている。**

● **電子取引データ保存の宥恕措置、猶予措置**

<table>
<tr><td>令和5年12月まで</td><td></td><td>令和6年1月から</td></tr>
<tr><td>「やむを得ない事情」
があれば、
プリントアウトした
紙保存のみでOK</td><td>→</td><td>「相当の理由」があれば、
プリントアウトした紙と、
電子データを保存し、
求めに応じて出せるように
しておけばOK</td></tr>
</table>

第7章

何から始めたらいいかわからない事業者向け（初級編）

猶予措置の対象であれば、原則的なルール（真実性の要件・可視性の要件）を満たすことができなくても大丈夫ですので、あまり心配する必要はありません。例えば、次のようなことが「相当の理由」になります。

- システム等の整備が間に合わない
- 資金繰り不足や人手不足　など

「やむを得ない事情」と
「相当の理由」の違いって？

　宥恕措置の「やむを得ない事情」と猶予措置の「相当の理由」はどう違うのでしょうか？　国税庁で公開されている「電子帳簿保存法取扱通達解説（趣旨説明）」の「1-2.pdf」（www.nta.go.jp/）の「7-10」によると、「やむを得ない事情」について、以下のような記述があります。

　　宥恕措置の「やむを得ない事情」とは、電子データの保存に係るシステム等や社内でのワークフローの整備が整っていない、保存要件に従って電子保存を行うための準備を整えることが困難であることをいう。

　また、同上「00023006-044_01-2-1.pdf」の「7-12」によると、「相当の理由」については、次のような記述があります。

　　猶予措置の「相当の理由」とは、例えば、システム等や社内でのワークフローの整備が間に合わない場合等がこれに該当する。

　ほとんど同じように思えますね。
　どちらも、措置の適用を受けるための事前の申請などは不要です。原則的なルールに従って保存することが難しい事業者にとって、恒久的な猶予措置ができたことは朗報といえるでしょう。

どう保存すればいいの？
具体的な対応

自分がパソコンで作成した請求書を紙出力して、取引先に郵送している。

「自分がパソコンで作成した請求書」は電子帳簿等保存の対象なので、紙で保存してもいいし、電子データのまま保存でも OK です。

このケースでは、紙は取引先に送ってしまうので、わざわざ自社保存用に紙出力せず、電子データのままパソコンに保存しておくのがラクでしょう。

なお、パソコンで作成した請求書に手書きで追記などしている場合は、電子帳簿等保存の対象外になるので、紙保存が必要となります。

自分がパソコンで作成した請求書を、PDF で取引先にメール送信している。

「自分がパソコンで作成した請求書」は紙で保存してもいいし、電子データのまま保存でも OK ですが、「メール送信」は電子取引データ保存の対象なので、電子データ保存が必要です。猶予措置でプリントアウトした紙と電子データを税務職員の求めに応じて出せるようにしておけば大丈夫です。

たいていは、作成した請求書は、取引先／年度／月ごとなどフォルダ別にしたりしてわかりやすく保存しているでしょう。メール送信した後に、わざわざパソコンから削除しないと思います。

税務職員に求められた際、速やかに紙出力したものを提示・提出でき、ダウンロードに対応できるようにしておきましょう。.

従業員が Amazon で備品等購入して経費立替し、Amazon の領収書を紙出力して会社に提出している。

従業員からは紙で提出されていますが、これは電子取引に該当します。従って、紙出力したものだけでなく、電子データのダウンロードの求めに応じられるようにしておく必要があります。各従業員のアカウントでAmazon の購入履歴からダウンロードの求めに応じるのは、現実的に難しいと思われます。

このようなケースでは、従業員からダウンロードした領収書を PDF 等の電子データで受け取り、適切なファイル名をつけ、保存場所もわかりやすいようフォルダ名をつけて保存しましょう。

なお、一旦紙に印刷したものをスキャナ保存するのは NG なので、従業員から紙で受け取った領収書をスキャナ保存することは認められません。

従業員がネットショップで備品等購入して経費立替し、紙の領収書を受取り、会社に提出している。

ネットショップでもリアル店舗でも、紙の領収書を受け取っている場合には、原則、その領収書を紙のまま保存します。電子取引の対象ではありません。従業員のクレジットカードの明細などは不要です。

なお、受け取った紙の領収書について、スキャナ保存の要件を満たせばスキャナ保存も OK です。

これまで販売管理システムで請求書を作成し、そのまま電子で保存していたが、システムを変更することにした。

パソコンの販売管理システムで作成している請求書は「電子帳簿等保存」の対象なので、紙で保存しても、電子データのまま保存でも OK です。

電子データで保存することにしていた場合で、システム変更に伴い、これまでのシステムデータの保存ができない状況になるときには、保存期間（7年間）分はプリントアウトして、紙での保存が必要となります。

「システムを変更したから前のデータは見られない。紙にも出していない」は認められませんので、注意してください。

なお、システム変更後もデータを確認できる状態であれば、そのまま電子で保存すれば問題ありません。

第**7**章　**まとめ**

☑ パソコンで作成している帳簿や書類は、「一般の電子帳簿・書類」でそのまま電子データ保存で大丈夫です。

☑ 書類の一部（レシート、請求書など）から、スキャナ保存を始めてみよう。スキャナ保存対応のシステムがない場合や適正に運用できない場合は、原本の紙保存と併用します。

☑ 電子取引データは「相当の理由」があれば、プリントアウトした紙と電子データを保存し、求めに応じて出せるようにしておけばOK！

☑ 自分の行う保存が、「電子帳簿等保存」「スキャナ保存」「電子取引データ保存」のどれにあたるのか確認しましょう。

青色申告が取消しになる！？

　電子データ保存について、保存要件を満たさないで保存している場合、原則として、「保存すべき電子データの保存がなかった」ものとして、青色申告の承認の取消しの対象となり得ます。例えば、スキャナ保存をしていたところ、タイムスタンプの付与が取引から３ヵ月経った後だったとか、電子取引の電子データにアクセスできなくなってしまい、紙の書類しかない場合などは、「保存がなかった」とみなされます。

　ただし、この点について保存要件に反していたからといって、すぐに「青色申告の承認の取消し」になるということではなく、「**個人／法人の青色申告の承認の取消しについて（事務運営指針）**」に基づいて、今後の改善可能性などを総合的にみて、本当に青色申告にふさわしくないかどうか検討したうえで、取消しを行うこととされています。

　そのため、保存要件を満たさずに保存していた場合でも、「きちんと記帳、申告されている」とか「保存すべき取引情報の内容が他のもので確認できる」などの場合には、ただちに青色申告の承認が取り消されたり、経費計上が認められないということはないようです。

「電帳法に対応しなくてよい」というわけではありませんし、税務調査の際に注意や指導はあるかもしれませんが、必要以上に心配することはないでしょう。

法人の青色申告の承認の取消しについて（事務運営指針）
https://www.nta.go.jp/law/jimu-unei/hojin/000703-3/01.htm

個人の青色申告の承認の取消しについて（事務運営指針）
https://www.nta.go.jp/law/jimu-unei/shotoku/shinkoku/000703-3/01.htm

電子化をどんどん
進めたい事業者向け
（上級編）

「どんどん電子化したい」「紙の書類は極力減らしたい」「業務の効率化を優先したい」、そんな方向けにどのように保存すればいいかをまとめてみました。導入にはコストや時間がかかりますが、仕組み化できればメリットは大きいです。

「優良な電子帳簿」で
税制優遇に備える

こんにちは！　僕は電子化をなるべく進めたいです。
過少申告加算税が5％減るって、どのくらいのメリットですか？　メリットが大きいなら、挑戦してみようかな…

元々の税額が大きかったり、修正申告で多額の税金が追加になる場合には、メリットが大きいわよ！

● 電子帳簿保存法上の区分

国税関係 帳簿	国税関係 書類			電子取引
	決算関係書類	取引関係書類		
		自己が発行	相手から授受	
・仕訳帳 ・総勘定元帳 **その他の補助元帳** ・売上台帳 ・仕入台帳 ・現金出納帳 ・固定資産台帳 ・売掛金台帳 ・買掛金台帳　　など	・貸借対照表 ・損益計算書 ・試算表 ・棚卸表 　　　　　など	・見積書控 ・発注書控 ・納品書控 ・請求書控 　　　　　など	・領収書 ・請求書 ・納品書 ・見積書 　　　　　など	・請求書 ・見積書 ・納品書 ・注文書 ・契約書 　　　　　など

❶電子帳簿等保存（電子データのまま保存）
自分で最初からPCなどで作成したもの

❸電子取引
データで受け取ったもの、送ったもの

❷スキャナ保存
紙で受け取ったもの、渡したもの

3つの区分

過少申告加算税の5％軽減って、どのくらいメリットあるの？

　そもそも、「過少申告加算税」ってどんなときにかかる税金でしょうか？

　これは、最初に申告したときに納付した税額が、実際（正しい）の納付すべき税額より少ない場合にかかる加算税です。

　加算税には、過少申告加算税のほか、無申告加算税（期限内に申告できなかったときにかかるもの）、不納付加算税（期限内に税金を納付しなかったときにかかるもの）があります。

　過少申告加算税は期限内に申告して税金を納めたけれど、本来の税額より少なかったときにかかってしまいます。あくまでも計算間違いや見解の違いなどのミスによるものが対象で、意図的に隠蔽したり偽ったりした場合は、過少申告加算税ではなく重加算税（より重い加算税）がかかります。

　ですから、自分では正しく計算して納付したと思っていても、調査でミスが見つかったり、見解の違いなどにより、追加の税金がかかってしまうことがあります。そのときに、追加で納める本税（当初納めていた税額と、本来納めるべき税額との差額）に加えて、過少申告加算税がかかることになります。

■ 過少申告加算税の具体例

　過少申告加算税は、原則、追加で納める本税の10％です。元々の申告税額と50万円のいずれか多い額を超える部分については、15％となります（89ページ参照）。

> 例：元々の申告税額…300万円
> 　　修正後の税額…700万円

第**8**章

電子化をどんどん進めたい事業者向け（上級編）

この場合、原則は追加で納める本税 400 万円（700 万円と 300 万円の差額）の 10％ですが、元々の申告税額が 50 万円より多い（300 万円）ので、300 万円を超える部分は 15％となります。

＊過少申告加算税

400万円のうち300万円までは10％

  ⇒　300万円×10％＝30万円

400万円のうち300万円を超える(100万円)部分は15％

  ⇒　100万円×15％＝15万円

合計45万円

＊5％軽減の過少申告加算税

400万円のうち300万円までは5％

  ⇒　300万円×5％＝15万円

400万円のうち300万円を超える(100万円)部分は10％

  ⇒　100万円×10％＝10万円

合計25万円

この例では、過少申告加算税が 20 万円減ることになります（**45 万円 ➡ 25 万円**）。計算ミスや見解の違いでたくさんの追加税額がある場合には、過少申告加算税は、より大きく減ることになります。

‖ 優良な電子帳簿の保存のルール

優良な電子帳簿の保存要件は、一般の電子帳簿の保存要件に加えて、以下の内容を満たす必要があります（33 ページ参照）。

---

❶電子データの訂正または削除、追加の履歴が確認できるシステムを使用すること

❷電子化した帳簿間の記録事項において、相互にその関連性を確認できること

❸検索機能の確保

　さらに、５％軽減のメリットを受けるためには、「特例国税関係帳簿」の
すべてを優良な電子帳簿の保存要件に従って保存する必要があるため、仕
訳帳や総勘定元帳のほか、固定資産台帳なども優良な電子帳簿の保存要件
を満たしている必要があります（92ページ参照）。

　実務上は、使用するシステムが「優良な電子帳簿」の保存要件を満たし
ているかを確認して保存することになるかと思われます。

　JIIMA認証（37ページ参照）が入っているソフトであれば安心ですが、
「すべての特例国税関係帳簿が優良な電子帳簿の保存要件を満たしている
か」の確認をしておきましょう。

‖ 特例適用届出書を出すこと

　過少申告加算税が５％軽減されるメリットを受けるためには、優良な電
子帳簿の要件で保存するだけではなく、あらかじめ「特例適用届出書」を
提出しておく必要があります。

　提出は、適用を受けようとする申告の法定申告期限までに出せばいいの
で、決算を過ぎてしまっても大丈夫です。

> **例：3月決算の会社で2024年4月1日から**
> 　**優良な電子帳簿の保存を開始したい**
> 　→2025年5月31日までに提出（90ページ参照）

　なお、優良な電子帳簿の保存要件を満たすメリットは、過少申告加算税
の軽減だけではありません。

　訂正や削除があった際にその記録を残し、取引年月日・取引金額・取引
先で検索できるようにしておくため、特に従業員数が多い場合などには、
自社の管理体制としてもメリットがあるでしょう。

第8章
電子化をどんどん進めたい事業者向け（上級編）

スキャナ保存で
原本を即廃棄したい

レシートとかの書類がたまっていくのが嫌なんですよね。レシートはデータ化して、できれば早く捨てたいです〜

そんな人にはスキャナ保存はお勧め！要件はたくさんあるけど、間違いなくメリットもあるわ

● 電子帳簿保存法上の区分

国税関係 帳簿		国税関係 書類		電子取引
	決算関係書類	取引関係書類		
		自己が発行	相手から授受	
• 仕訳帳 • 総勘定元帳 **その他の補助元帳** • 売上台帳 • 仕入台帳 • 現金出納帳 • 固定資産台帳 • 売掛金台帳 • 買掛金台帳　　など	• 貸借対照表 • 損益計算書 • 試算表 • 棚卸表 など	• 見積書控 • 発注書控 • 納品書控 • 請求書控 　　　　など	• 領収書 • 請求書 • 納品書 • 見積書 　　　　など	• 請求書 • 見積書 • 納品書 • 注文書 • 契約書 　　　　など

❶電子帳簿等保存
（電子データのまま保存）
自分で最初からPCなどで作成したもの

❷スキャナ保存
紙で受け取ったもの、渡したもの

❸電子取引
データで受け取ったもの、送ったもの

3つの区分

‖ ハードルは高い。でも、メリットはある

　電帳法には３つの区分があって、スキャナ保存は、そのうちの１つです。

　スキャナ保存は、紙でもらったレシートや請求書等の書類を電子化して保存する方法です。電帳法が改正になったからといって、紙を必ず電子化しなければいけないわけではありません。「原則、紙は紙のまま保存、電子化したければしてもいいよ」というものですね。

　必須ではないのでスキャナ保存しなくてもいいのですが、大量の書類を紙のまま保存するのは、保管場所の確保や特定の書類を探し出したりするのも大変です。やはり、電子化して保存するメリットは大きいでしょう。

　第７章の「初級編」ではスキャナ保存と紙保存の併用をお勧めしましたが、原本の紙をすぐに廃棄したいのであれば、きちんと要件を満たしてスキャナ保存をしましょう。

　「１年分まとめてスキャン」などは認められないので、こまめ（最長２ヵ月＋7営業日以内）に適切にタイムスタンプの付与などを行い、帳簿との相互関連性、検索機能の確保、ディスプレイやプリンターなどの見読可能装置の備え付け等の要件を満たして保存します。実際には、スキャナ保存対応のシステムを使って、入力期限内に適正に保存することになるでしょう。

　また、運用に際しては社内でルールを作って共有する必要があります。

‖ 部分的導入もあり

　スキャナ保存は、「全部または一部について」の書類に適用できます。例えば、「まずは紙のレシートと紙の納品書をスキャナ保存して、原本をすぐ廃棄する」などから始めてみてもいいでしょう。社内で運用がうまく仕組化されてきたら、請求書その他の書類も…というようにどんどんスキャナ保存する書類を増やしていきましょう。

　または、まずは本店で適切にスキャナ保存を開始して原本を廃棄し、うまくいくようになったら、本社の人が支店に方法を伝授していくのもよいでしょう。

電子取引データ保存は、真実性の要件・可視性の要件を満たして保存する

「電子取引データ保存」は義務化だから、気になるところよね

うちは、電子取引データ保存に対応したシステムを導入しようと思ってます

システム等の整備が整っていて資金繰りや人手不足などの事情がない場合には、猶予措置は適用できないから、「真実性の要件・可視性の要件」を満たして保存してね！

● 電子帳簿保存法上の区分

国税関係 帳簿	国税関係 書類			電子取引
	決算関係書類	取引関係書類		
		自己が発行	相手から授受	
● 仕訳帳 ● 総勘定元帳 **その他の補助元帳** ● 売上台帳 ● 仕入台帳 ● 現金出納帳 ● 固定資産台帳 ● 売掛金台帳 ● 買掛金台帳　など	● 貸借対照表 ● 損益計算書 ● 試算表 ● 棚卸表 　　　　など	● 見積書控 ● 発注書控 ● 納品書控 ● 請求書控 　　　　など	● 領収書 ● 請求書 ● 納品書 ● 見積書 　　　　など	● 請求書 ● 見積書 ● 納品書 ● 注文書 ● 契約書 　　　　など

❶電子帳簿等保存（電子データのまま保存）
自分で最初からPCなどで作成したもの

❸電子取引データで受け取ったもの、送ったもの

❷スキャナ保存
紙で受け取ったもの、渡したもの

3つの区分

‖ 電子取引データ保存の必要事項

電子取引データ保存を行うためには、

- **真実性の要件**（データが改ざんされないようにすること）
- **可視性の要件**（見やすいようにすること、検索できるようにすること）

を満たす必要があります（72 ページ参照）。

「相当の理由」があれば猶予措置が適用され、真実性の要件と可視性の要件を満たした保存でなくても OK ですが、電子取引データ保存に対応したシステムの整備が整っていて、資金繰りも人手も足りていて「相当の理由」があると認められない場合には、上記の要件を満たす必要があります。

真実性の要件（データが改ざんされないようにすること）は、**❶タイムスタンプの付与、❷訂正・削除の履歴が残るシステム、もしくは訂正・削除ができないシステムを利用、❸事務処理規程を定め、その規程に沿った運用を行う**、のいずれかを満たせばよいことになっています。

お金をかけずに導入したいのであれば❸がよいと思いますが、資金があり、電子化をしっかり進めたいのであれば、❶や❷に対応するシステムを使って保存するのがよいでしょう。❸は社内の人数が多かったり部署が多い場合には、全員に規程に沿った運用を正しく行ってもらうのは大変です。

また、電子取引データ保存に対応しているシステムの場合には、必要に応じていつでも閲覧できる可視性の要件にも対応しているはずです。

なお、全体を通して言えることですが、「電子帳簿保存法対応」をうたっている製品であっても、「完全」に対応しているのか、「一部のみ」に対応しているのかを確認してください。自社が行いたい電子化がそのシステムで保存要件を正しく満たしていれば、比較的容易に電子化を進められることでしょう。

第8章

電子化をどんどん進めたい事業者向け（上級編）

どう保存すればいいの？
具体的な対応

CASE1

電子帳簿等保存で使っていた対応ソフト、電子取引で利用していたサイトを変更したいが、変更前のデータが見られなくなる。

システムを変更した場合、変更前のシステムで作成された電子データについては、原則として、システム変更後も電子的に保存することとなりますが、変更前のデータの電子保存が難しい場合には、紙にプリントアウトして保存することも認められます。

なお、優良な電子帳簿の保存をしていて、過少申告加算税の軽減措置のメリットを受けようとすると、その保存に係るシステム変更については、紙にプリントアウトして保存することはできないので注意してください（電子帳簿保存法取扱通達4-40）。

CASE2

e-Tax でダイレクト納付等の電子納税を行った場合、受信通知の保存義務は？

---

e-Tax で電子納税を行った場合に納税者のメッセージボックスに格納される受信通知（納付区分番号通知、納付完了通知）は、電帳法が規定する電子取引の取引情報に該当しないため、保存義務はありません。

CASE3

インターネットバンキングで支払った場合の保存義務は？

インターネットバンキングでの支払いは、EDI取引として電子取引に該当します。この場合、金融機関の窓口で振込等を行った場合に受領する書類の記載事項（振込年月日、金額、振込先等）が記載された電子データの保存が必要です。そのデータをダウンロードしたり、PDFファイルに変換したりして保存します。

CASE4

ExcelやWordで受領した電子データをPDFファイルに変換して保存している。また、パスワードがついているデータについては、パスワードを解除してから保存している。

その保存過程において、取引内容が変更されるおそれのない合理的な方法により編集したものと考えられるため、いずれも問題ありません。

CASE5

ネットショッピングで購入履歴から領収書をダウンロードできるが、ダウンロードすると「電子取引」に該当するため、ダウンロードしないままでいる。

「ダウンロードしなければ保存義務が生じない」というものではありません。この場合、ネット上で領収書データを確認できることになった時点で、電子取引があったタイミングと考えられます。領収書データが提供されているのにダウンロードしなければ、それは保存義務があるのに保存していない、ということになってしまいます。
ただし、届いた商品に紙の領収書が同封されているケースでは、紙かダウンロードしたものか、どちらかのみ保存すればOKです。

第**8**章

電子化をどんどん進めたい事業者向け（上級編）

第8章 まとめ

☑ 優良な電子帳簿の保存要件はハードルが高いですが、過少申告加算税が5％減るメリットがあります。

☑ まずは一部の書類から「スキャナ保存」の要件を満たして保存するのもあり。スキャナ保存できたものから紙の書類を廃棄できるのは、大きなメリットです！

☑ 電子取引データ保存に対応したシステムを導入すれば、比較的楽に、真実性の要件と可視性の要件を満たして保存できます。

☑ 「電子帳簿保存法対応」の製品が、自社の行いたい電子化に対応しているかどうか確認してから導入しましょう！

導入時は少し大変でも、電子化が仕組化できればかなりのメリットがあるはず！

電子化の未来予想図

　最後までお読みいただきありがとうございます！
　いかがでしたでしょうか？
　「これならできそう！」と思うこともけっこうあったと
思います。

　実は、私は決して電子化が得意な方ではなく、まだまだ
アナログな面もたくさんあります（例えば、スケジュール
は紙の手帳で管理しています…）。
　それでも、実際にできるところから電子化を進めてみる
と、さまざまなメリットを実感します。
　例えば、パソコン上で日付や取引先、取引金額で簡単に
検索したり、いつでも書類をネット上で確認できます。

　一方で、電子化されたデータと元々の書類の情報が一致
している（＝改ざんされていない）ことを確証するために
は、一定の要件を満たす必要があります。
　どのような帳簿・書類をどの要件で保存すればいいの
か、その都度、本書で確認いただければと思います。

　電子化は「なんとなくいつかできるようになる」もので
はありません。できることから少しずつでも進めていき、
電子化による仕事の効率化を実現しましょう！

脇田 弥輝

INDEX

図解と会話でまるわかり！
電子帳簿保存法がすべてわかる本

2024年3月31日　初版　第1刷発行

著　者　　脇田弥輝
装　丁　　宮下裕一
発行人　　柳澤淳一
編集人　　久保田賢二
発行所　　株式会社　ソーテック社
　　　　　〒102-0072　東京都千代田区飯田橋4-9-5　スギタビル4F
　　　　　電話 (注文専用) 03-3262-5320　FAX03-3262-5326
印刷所　　図書印刷株式会社

©2024 MIKI WAKITA
Printed in Japan
ISBN978-4-8007-2129-7

本書の一部または全部について個人で使用する以外、著作権上、株式会社ソーテック社および著作権者の承諾を得ずに
無断で複写・複製・配信することは禁じられています。
本書に対する質問は電話では受け付けておりません。
内容の誤り、内容についての質問がございましたら切手・返信用封筒を同封のうえ、弊社までご送付ください。
乱丁・落丁本はお取り替え致します。

本書のご感想・ご意見・ご指摘は
http://www.sotechsha.co.jp/dokusha/
にて受け付けております。Webサイトでは質問は一切受け付けておりません。

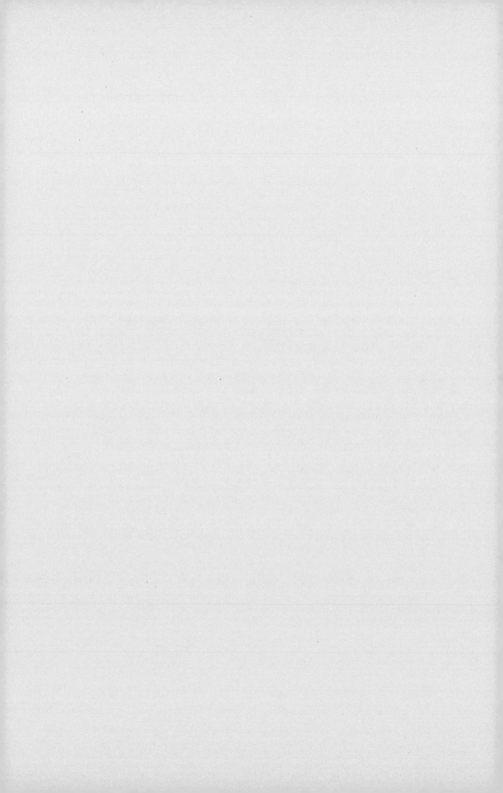